智記
優品

細說
當年

香老港

香港昔日趣聞小掌故

一起撫今追昔，回味香港獨特的老式情懷！

香港情懷 08

老香港細說當年
香港昔日趣聞小掌故

作者
講故王

編輯
彭斯博

出版
超記出版社（超媒體出版有限公司）

地址
荃灣柴灣角街 34-36 號萬達來工業中心 21 樓 2 室

電話
(852) 3596 4296

電郵
info@easy-publish.org

網址
http：//www.easy-publish.org

香港總經銷
聯合新零售 (香港) 有限公司

上架建議
地理旅遊

ISBN
978-988-8839-65-0

定價
HK$78

Printed and Published in Hong Kong
版權所有．侵害必究

如發現本書有釘裝錯漏問題，請攜同書刊親臨本公司服務部更換。

智記優品

香港趣聞掌故

講故王 著

老香港

昔日生活篇

香港人不得不知的老香港昔日生活趣味知識！

式微行業 X 消失的景點 X 舊時的娛樂 X 老香港文化

特別收錄：「香港估你唔到系列」有趣的冷知識故事

本書帶你回味香港獨特的港式情懷，一起撫今追昔！

（增訂第二版）

目 錄 Contents

目 錄 Contents

目 錄 Contents

PART V

 # 冷知識特輯

 # 香港估你唔到系列

PART I

式微行業

時代每天轉變，昔日在大街小巷也能看到的行業，現在已越來越少了，例如寫信佬、火水佬、補鑊佬、梳頭婆、箍煲佬、擦鞋仔、扛鐵佬、人力車扶和講故佬，現在就讓我們定格在舊日的香港，向這批已隱沒在歷史洪流的「打工仔」致敬！

古法線面

▲只要一條線，一盒海棠粉，就可以除掉面毛、死皮和污垢。

說起脫面毛，現今不少人會選擇激光方法去除。但上一代的人會找師傅替自己線面，隨著時代進步，線面的手藝漸漸式微。

古法線面是中國古代的一種美容脫毛術，已有幾千年歷史，可以線走面上雜毛、油脂、死皮。在上個世紀二、三十年代的女士，幾乎人人皆會，姐妹間會互相幫對方線面。只要一條線，一盒海棠粉，就可以除掉面毛。

開始前，先在面上塗一層海棠粉，再利用綿線打出一個結，然後手口並用，用口緊咬線頭，兩手同時拉緊線的兩端，將棉線緊貼著對方皮膚，透過線結的拉扯和磨擦，把面毛、死皮和污垢一一清走。如今，線面手勢已步向夕陽，但不乏一些支持者，她們仍堅持找線面師傅替自己「扮靚靚」，原因是線面過程天然、無化學成份，脫毛效果比機器更好。

香港趣聞掌故 · 老香港昔日生活篇

香港刀王

▲曾經紅極一時的磨刀手藝現已瀕臨失傳的危機

「磨剪刀，磨菜刀……」在上紀七、八十年代，在大街小巷不時會找到磨刀匠的蹤影，他們一邊走，一邊高呼著替人磨刀的叫賣口號。他們的工具不多，肩膊托著一條長板櫈，上面固定著一塊磨石，旁邊掛一個工具包，裝著各種磨刀用的工具。哪戶人家有需求，喊一聲就行，磨刀匠馬上開工，哪怕是生鏽的剪刀或變鈍的菜刀，經過磨刀匠一磨，頓時煥然一新，鋒利無比！

現代人講求效率，今天人們已不用磨刀或磨剪刀，若果菜刀或剪刀變鈍了，他們會索性棄掉，直接買新的。街頭巷尾再也尋不到磨刀匠的身影，仍然堅持下來的老師傅已寥寥可數，曾經紅極一時的手藝現已瀕臨失傳的危機。

最近香港吹起懷舊風，堅守磨刀手藝的老師傅成了傳媒的寵兒，訪問一個接一個，其中最受注目的是有著「香港刀王」之稱的陳當華。在他出生的年代，磨刀業非常盛

行，父母為了讓他有一技之長，可以搵食糊口，於是送他去跟師傅學藝，沒想到這一磨，就是大半輩子。隨著磨刀業漸漸式微，許多行內人士中途已轉行，但陳當華卻專心致志，堅持到底。

他的堅持，是有回報的。隨著香港旅遊業的興起，許多外國人被他的技術震撼，紛紛慕名而來，許多外國客人已成了他的鐵粉，定期會從德國、日本、美國等幾十個國家來港找他磨刀。

事實上，沒有一種機械磨刀能取代人手磨刀！經過匠人的打磨，一把尋常的刀具都會變成鋒芒不可當的利器。但有幾多都市人會重視這門手藝呢？此外，磨刀過程所花費的時間太長，力氣太多，又不賺錢，有幾多新一代願意投身這一行？縱然得到部份外國人的欣賞，但隨著時代的發展，磨刀匠人終有一天難免要退出歷史舞台。

誰砸爛打更佬的飯碗？

▲古時的打更佬擔當著護衛員的角色

　　從 1905 年開始，香港才正式有街燈。在此之前，晚上的街道都是漆黑一片的，很多鼠竊狗偷都趁機出沒犯案。當時在港的華洋商人為了保護他們財產，便夾錢組織了一個治安隊，俗稱「打更佬」，他們負責晚上「打更」，逐條街道向居民報時，又用打鼓的聲音阻嚇壞人出動。

　　「打更佬」是怎樣打更的？

　　他們會用竹筒敲打銅鑼，敲打銅鑼的邊沿會發出「篤」，敲打銅鑼中央會發出「鐺」。中國古代將夜晚分為五更，一更大約相等於兩小時。打法如下：

● 打一更（即晚上 7 點）時，一慢一快，聲音如「篤！——鐺！」，連打 3 次；

● 打二更（晚上 9 點），連打兩次，聲音如「篤！鐺！」，「篤！鐺！」；

● 打三更（晚上 11 點）時，要一慢兩快，聲音如

「篤！——鎁！鎁！」連打 3 次；

● 打四更（凌晨 1 點）時，要一慢三快，聲音如「篤！——鎁！鎁！鎁！」連打 4 次；

● 打五更（凌晨 3 點）時，一慢四快，聲音台「篤！——鎁！鎁！鎁！鎁！」連打 5 次。

居民聽到多少下打篤鎁聲，就知道時間。

大家可能問：為甚麼又不打六更（凌晨 5 點）呢？因為古人早睡早起，五更一過便開始起床做家務了。

打更佬除了報時和肩負保安工作外，遇到秋冬風高物燥，還會高喊「風高乾燥，提防火燭」，讓人們提高警惕。

港督失眠，竟致「打更佬」沒落？！

到了 1884 年 8 月 22 日，街上再沒有「篤篤鎁鎁」聲了，「打更佬」這個行業從此消失，原來事件與一個患失眠症的港督有關！

原來，當時一位英國老將軍德忌笠有嚴重的失眠症，晚晚無法安睡，加上晚上響亮的打更聲對他造成極大滋擾。於是，他乘港督戴維斯度假不在香港，以署理港督的身份，通過了一項禁令，就是一律禁止夜晚打更。

沒有了打更佬，晚上再沒有人在街上巡邏偵察，市民又再次提心吊膽，生怕鼠竊狗偷在黑漆漆的夜晚出沒。這項禁令一度令市民很不滿，可謂天怒人怨，但市民怯於官威，只得敢怒不敢言，最終打更佬這個行業就這樣壽終正寢。

與臭氣為伍的夜香婆

▲夜香婆從事最厭惡的職業，每晚為居民倒夜香，我們應該向她們致敬！

　　現代人生活舒適，如廁完畢後，拉一拉抽水馬桶就搞掂！

　　在舊日的香港，衛生設備欠佳，亦沒有抽水馬桶，每晚都會有夜香工人來敲門，高呼「倒夜香」，市民把盛滿家中各人糞便的馬桶放在門外，讓工人來清理。

　　戰前的樓宇沒有電梯，樓梯又長又窄，夜香工人每晚擔著糞桶上上落落，沒有足夠的體力哪裡辦得到？但奇怪的是，當年的夜香工人絕大部份是女性，男性即使從事這行業，都只是輔助角色，例如看守清糞車和在門外幫手接應等。大家知道為甚麼呢？原來當年重男輕女的觀念非常嚴重，堂堂大男人怎放得下尊嚴到各家各戶去拿糞呢？

天天與臭氣為伍

　　夜香工人的工作相當辛苦，除了要忍受與臭氣為伍的痛苦外，每天還穿梭山坡上的木屋區和各樓層的唐樓搬

糞,最要命的是幾乎全年無休。他們每年只有大除夕才可以休息一天,年初一又要繼續工作。除非颱風襲港,風球高掛,可不用上班外,其他日子即使橫風橫雨,也要冒著風雨開工。

夜香工人辛辛苦苦收集所有糞便後,會如何處理?答案就是把糞便送往港九兩岸的碼頭,船主會把糞便轉運至中國大陸珠江角洲一帶。因為當時中國大陸珠江角洲一帶以農業為主,對肥料的需求極大,糞便這種天然肥料正好切合需要。

倒夜香的古老工作尚未絕跡!

自從抽水馬桶普及之後,社會不再需要夜香工人了。不過這個工種仍未完全絕跡,根據食環署資料顯示,目前全香港還有 5 個地點需要倒夜香、1 個在觀塘、1 個在香港仔,另外 3 個則集中在油麻地,其中果欄更是大戶。果欄廁所的設計,仍是百年前的模樣,沒有接駁污水渠,而是保留用一個鐵盆放在蹲廁下收集糞便,然後每天靠夜香工人收集和清理。

陪你睇電影的解畫佬

▲在默片的年代，入戲院睇戲的時候，你一邊看戲，一邊有人高聲旁述電影內容。

　　政府官員很多時要站出來替政策「解畫」，爭取市民支持；原來「解畫」在舊香港年代是一種職業，他們專責在戲院內替觀眾講解電影內容。

　　話說，在 1920 年代末以前，大部份電影仍是默片。所謂「默片」，即是無聲電影，就是沒有任何配音、配樂或與畫面協調的聲音的電影。把電影影像與聲音配合，以當時的技術來說很難做到，因此，直到 1930 年代中，所有影片皆為默片，只靠一些簡單的字幕來說明情節。在早期的香港，市民普遍知識水平低，文盲很多，根本看不懂字幕在說甚麼，於是，電影院便聘請專人在電影播放期間從旁解釋劇情，這個職位叫做「電影講解員」（俗稱解畫佬）。

　　在舊時的戲院，接近銀幕的牆邊會搭起一條長長的樓梯，有兩層樓高，最高處會設有一個鐵籠。電影即將播放

時，「解畫佬」會爬進鐵籠並坐好，然後扯高嗓子，全程向場內的觀眾大聲講解電影內容。

「解畫佬」是一個講求急才和臨場應變的職業，今天電影播放正場前先有試映，但以前沒有試映這回事，電影上畫頭一天，「解畫佬」才首次看，他根本無法預知電影背景和劇情發展，更遑論做資料蒐集。再者，電影螢幕顯示的字句都很簡短，若照稿讀會很沉悶，因此，「解畫佬」很多時要臨場爆肚，依據畫面內容和簡短字幕，再「加鹽加醋」，配合自己的無限幻想，把電影內容演繹出來。同一套電影在不同場次播放，解畫佬都會有不同的演繹，至於能否忠於原著，就不得而知了。

補鑊高手

▲廚具爛了，我們不加思索就會去買新的來替換；但以前生活貧困，即使東西爛了，也會想盡辦法去修補，補鑊佬應運而生。

今天「補鑊」一詞有做錯事改過的含意，在舊日的香港，「補鑊」卻是一門專業的行業。

以前的鑊全是由生鐵打造。生鐵本身不耐用，加上以前煮食用柴火，熊熊烈火很容易把鐵鑊燒穿，這時就要找補鑊佬修補。若裂孔輕微，可用鐵粉修補。方法是首先把鐵粉煮熔，燒成鐵水，然後淋在鑊內的裂孔處。在裂孔處的下方，平鋪一塊濕布，用來冷卻鐵水，把裂孔填密。補好之後，師傅會把鐵鑊燒紅，再用鎚子敲打，使補鑊處變得光滑。

如果裂孔太大，便要用鋸鋸出另一塊生鐵補上，並打釘固定，再用鐵水澆補。

以前師傅手工很好，驟眼看上去根本看不出修補過的痕跡。

搲命搏的苦力

▲苦力每天咬實牙關，靠勞力搲錢。

　　早期的香港有很多大小貨運碼頭，尤其是西環，海旁可以說全都是貨倉。無論是從中國大陸或台灣，又或是從外國進口運來的貨物，用於香港內銷或轉口也好，都要先貯存在貨倉裡。此外，遠洋大船不能直接泊碼頭，要通過薑船作轉運。這一上一落搬運貨物的工作都需要大量人手，苦力這個行業應運而生。

　　4、50 年代，大批潮州、海豐、陸豐、鶴佬等籍貫人士移民到香港做苦力。當時，潮州人大多聚集於上環、西環、銅鑼灣等沿海一帶，在碼頭當搬運貨物的苦力，俗稱「咕喱」。

咕喱的艱苦日子

　　以前香港有「咕喱館」，承辦搬運勞動，有「大記」、「發記」、「榮記」等。受聘咕喱館的工人，要把自己的名字寫在竹片上反轉掛於牆上，稱「掛牌」；咕喱每天回

館開工，把竹牌「掛正」，外露名字，讓咕喱頭點名開工。咕喱館 24 小時分 4 更營業，每更 4 元，日薪計算。如果咕喱急需用錢，大可馬不停蹄，連開 4 更，不眠不休。

當年在上環的三角碼頭（又稱永樂街碼頭，現已拆卸），有很多苦力搬白米。每個苦力都是清一色的赤裸著上身，肩上托著一包重達百多二百磅的白米。這還不算，連接躉船至碼頭有一條寬度不足兩呎的木板，苦力們通過這條窄窄的木板來來回回搬貨。遇上那天風高浪急，躉船搖晃厲害，木板更顯搖搖欲墜，苦力一個不小心隨時連人帶貨一齊墜海，可見苦力的工作相當危險。

咕喱托起的貨物又大又重，與工人的體型和體重不成比例，已是司空見慣。但一般咕喱都肯搏肯捱，一句「鬼叫你窮啊，頂硬上啦」，便千斤擔子單肩挑，努力捱到目的地去。

現今香港已發展了現代化的貨櫃碼頭，運貨全靠機械取替人手，「咕喱」時代已結束了。

曾俊華曾做「苦力」

說起苦力，不說不知道，前任財爺曾俊華早前曾自爆當年自己也做過苦力。

話說，曾俊華年輕時在美國修讀建築，暑假曾到地盤實習兩個月，每天負責搬運 4 尺乘 8 尺、半吋厚的石屎板。他表示，雖然工資低，又要體力勞動，但工作經驗讓他深入認識多個建築工序和各類建築工人，對他修讀建築有莫大幫助云云。

上門 Sell 火水

▲在老香港，只有富貴人家才用得起火水爐，平民家庭還是用柴火煮食。

現代的家庭許多都是「無飯夫婦」，即是家中不用煮食，一日三餐都是在外面餐廳吃，若果要生火煮食，也會用煤氣爐、石油氣爐或電磁爐，相信新一代很多人都未見識過火水爐。

回想起戰後的香港，甚麼物資也短缺，除了食材不夠外，就連煮食的燃料也是一大問題。很多窮苦人家會跑往山邊或海邊的造船廠，收集一些免費的破木，甚至是木廠廢棄的木糠，拿回家作煮食燃料。

火水爐是昔日主要的煮食爐具

對於稍為付得起錢的人家，都會購置一兩個火水爐於廚房煮食。8、90 後的年輕人可能從未見過火水爐是甚麼模樣。

火水爐由鐵皮所製，一般都是綠色和藍色的，底部可灌入火水，其實所謂的「火水」，正確的名稱應該叫「煤

油」，爐的中央部份內設多條棉芯，調節棉芯的高低可以控制火力的大小，只要先燃點棉芯，再將沙煲、鐵鑊等用具放在爐架上，即可煮食。燃燒火水的好處是不會產生大量的黑煙，感覺比較乾淨衛生，不過火水的氣味很濃烈，很多人也受不了。

火水佬沿街兜售火水

「糴米訂火水」，是當年每家每戶恆常要處理的事。每當家中的火水用得七七八八時，便要致電雜貨店訂購，健碩的火水搬運工人就會托着重重的一罐火水進門，助你把火水塞進灶底，再回收用完的火水罐。

此外，雜貨店為了提高生意額，更會派出員工，挑火水上街兜售叫賣，方便市民添補，市民叫這些隨街兜售火水的人做「火水佬」。火水佬會挑著兩桶火水沿街叫賣，提醒主婦查看家中火水爐的火水是否用完。若用完，就要落街找火水佬添補。火水佬會帶著 4 個不同容量的勺子，分 1 兩、2 兩、4 兩和半斤，以及大小漏斗各一。

在 6、70 年代的香港，最易引發火災的是打翻火水爐。當年的木屋區，每家每戶都儲存了一罐罐的火水，只要有一戶不小心使用，就會釀成大災難，殃及池魚。

舊衫變新衫的染布佬

▲染一染，舊衫馬上變新衫！

染布佬即是上門幫人染布的人。

在舊日的香港，物質生活不及現在豐裕，普遍市民都不會浪費，對衣服布料更是物盡其用。當時，街上有很多染布佬，他們會當街高叫：「染衫、染褲、染布」，市民可以請他們入屋，把舊衣服拿給他們漂染；又或者把褪了色的衣服再染成深色都得，染色後就可以當成新衣服再穿。

染布佬的工具很簡單：小爐、四方形火水鐵罐和數種基本顏料（包括紅色、橙色、藍色、紫色等）。他們可即席替客人染布，先把顏料注入火水罐攪勻，然後放進舊衫，大約浸 1 個小時即成，客人認為顏色滿意，生意便完成了。

替人扮靚的梳頭婆

▲梳頭婆會上門替富有人家梳頭，也會在街頭即席替人扮靚。

以前，婦女是梳髻的。由於髻子纏在後面，自己不容易梳理，於是，比較有錢的婦道人家會選擇請梳頭婆上門替自己梳頭。

梳頭婆不是梳頭咁簡單，還要花盡心思，替富商太太設計新髮型。若果設計的造型成功令太太搶盡風頭，甚至其他太太也嚷著要跟著梳，這位梳頭婆就會生意滾滾來。

梳頭婆就像現代的美容師，除了主理梳頭外，還要顧及顧客的肌膚，因此她們一般會兼做線面。線面是古傳的一種美容護理方法，又稱纏面、勒面或挽面，在 2、30 年代的香港相當盛行。據講，線面可護理皮膚、去除雜毛、清理毛孔，令皮膚更滑淨，以達到多方面的美容效果。

進行線面之前必先在面上塗上海棠粉，令毛髮變得更明顯。梳頭婆會使用兩根細麻線，將線綑成剪刀狀，先從額頭及兩鬢開始，清除額頭部份的雜毛；之後，去除眼睛

和嘴脣四周、面部及後頸的毛髮。

雖然線面在 90 年代沉寂下來，但隨著人們對天然美容方法的需求，古法線面近年又再復興，不少美容院均提供線面服務。

式微行業之人力車伕

▲曾經在中環（天星碼頭）附近，有人力車出租服務。

　　汽車從 1908 年傳入本港，但買得起昂貴汽車的人仍是寥寥可數，直到第一次世界大戰結束後，本港市區，除電車外，仍是以人力車（即黃包車）為主要交通工具。

　　人力車是在清末時候從日本傳到中國及東南亞地區來的，1883 年，人力車在香港出現，正式註冊成為合法和流行的交通工具。至 1920 年代，人力車進入全盛時期，全港有多達 3000 多輛。富家子弟更會購置私家人力車，長期僱用車伕，負責接送，好不威風！

　　早年在中環舊天星碼頭，送客人到上環信德中心、擺花街、文武廟等地方，一程半小時至 1 小時的車程，收費 200 元，非常和味，可以想像乘坐人力車的客人非富則貴。過去搭客以外籍人士、紳士最多，他們從尖沙咀搭天星小輪過海，再搭人力車去中、上環，給的貼士可高達 100 元。如果人力車伕早晚勤力載客，好運的話，每日可賺高達 5、6 百元！

隨着巴士、的士日益普及，人力車漸遭淘汰，至今已淪為夕陽行業。在 1968 年政府宣布停發人力車牌照，人力車正式被淘汰。今天在山頂、中環天星碼頭和尖沙咀還可見到人力車的蹤影，但只供遊人拍照或試坐而已。

點解叫黃包車？

大家有沒有發現，我們所見的人力車明明是紅色車身，上面有一個綠色的篷，為甚麼不叫「紅包車」或「綠包車」，而要叫「黃包車」呢？

原來，大家在香港見到的人力車，是經過多年的改進，才變成今天的樣子。黃包車是日本人發明的，所以又叫做「東洋車」。1870 年代，在上海，法國商人見租界交通日益繁盛，於是向有關當局申請，從日本引進人力車。

最初引入的人力車車身頗高，車輪用木料製成，行走時會發出刺耳的隆隆響聲，車身又顛簸不定，乘坐很不舒適，所以人們對這種交通工具，反應相當冷淡。當時人力車經營者有見及此，便改良車身的設計，首先將車身降低，然後以橡膠車胎代替木輪，讓乘客坐得更安穩舒適。接著，再將人力車的車身髹上鮮豔的黃色，以吸引顧客招徠，「黃包車」之名便由此而來。

變種再生的媒人婆

▲今日的香港女多男少，許多婚姻介紹所充當了「媒人婆」的角色，變種「媒人婆」服務又重新活躍起來。

在舊日的香港，仍有男女授受不親的傳統思想，婚姻一般靠媒人婆來撮合。媒人婆的職責是，要打探大戶人家有沒有待嫁姑娘或要成親的少爺，一打探到，便立即上門游說。接著，就是看看雙方的時辰八字是否配合。若然配對，便繼續商談；如果二人相沖或不夾，自然拉倒，媒人婆再另覓目標。雙方一旦成事，兩邊父母便會封回媒人婆利是作酬金。

媒人婆通常是由家族中德高望重，或是社會經驗豐富的女性長輩擔任，有些媒人婆原先是小商販，例如叫賣花果、裁製衣裳、賣胭脂水粉、替人梳頭，或是替人接生小孩等。由於從事這些行業的女性，人面較廣，常有機會出入各家各戶，消息也較靈通，哪家有女兒待嫁、哪家有公子還沒有娶親都瞭如指掌。透過媒人婆的撮合說項，讓兩個互不相識的男女結為夫妻，可說功不可沒。由此可見，

媒人婆這份職業不是人人啱做，講求人脈網絡和交際手腕，巴結到有錢人家，也要有本事替人家撮合姻緣才行。

有些媒人婆為了急於做成「生意」，不惜犧牲行業的名聲，言過其實，將對方的優點說得天花亂墜，卻刻意隱瞞缺點，造成男女雙方認知上的差距，直到洞房時才恍然大悟，大呼上當受騙。

後來，香港社會越來越開放，男女可以自由戀愛，盲婚啞嫁的年代正式結束，媒人婆的行業開始式微。不過，在今天的香港，女多男少，剩女越來越多，許多婚姻介紹所充當了「媒人婆」的角色，積極舉辦各種相親活動，變種「媒人婆」服務又重新活躍起來。

揸筆搵食的寫信佬

▲寫信佬已買少見少

　　早於 40 年代，香港已經有「寫信佬」，檔口主要集中在油麻地雲南里。大部份的客人是媽姐，她們多是隻身來港工作，一般要求寫簡單的家書。信件的內容多是問候對方、報平安、或是向親人提出物質的需求。

　　到了 70 年代，國內出現大逃亡潮，大量移民湧入香港，他們識字唔多，加上電話未普及，互聯網又未發明，要與鄉間親友聯絡，就得靠寫信佬，對寫信佬的需求更殷切。

寫信佬人工高過公司掌櫃

　　所謂「烽火連三月，家書抵萬金」。想當年，書信是人們唯一的溝通工具，在教育水平不高的社會，造就出「寫信佬」的職業，專門替人寫信。當年「寫信佬」非常風光，比起在大公司做掌櫃的收入還要多。

這些寫信佬一般受過良好教育，書寫流暢，甚至懂得寫詩作詞。他們除了替人寫信，更會替客人讀信。當時在大公司首席掌櫃才 400 元月薪，寫信佬寫一頁紙的家書收 10 至 20 元，假設他一天寫 40 封，一天的人工已高過首席掌櫃的月薪了！

英文猛人加入寫信佬行列

隨著經濟發展和識字率的上升，到了 80 年代，寫信佬險些被淘汰。就在這時候，有一批新力軍加入，分別是前政府公務員、退休幫辦。原來，當年廉政公署成立後，政府解僱了不少公務員，他們英文程度高，且熟悉政府部門的運作，加入寫信佬行業之後，可以替客人寫英文信和法庭信。

時移世易，今時今日的識字率提高及教育普及，寫信佬越來越少人做。現今 Whatapp、Facebook 等社交網絡當道，文書交往的社交模式經已經落伍，寫信佬這個行業已步餘暉。

專替人送信的巡城馬

▲在戰火連連的年代,家書抵萬金!

在清末民初時期,內戰頻仍,對郵遞服務造成很大影響,人們寄出的信件往往因地方戰亂而石沉大海。如果在香港要寄信返回中國內地,往往未到目的地已在中途被炸毀。

以前香港的中上環一帶,包括廣源東街、廣源西街,開設了很多書信館。這些書信館舖位很小,僱有幾名「巡城馬」,專責替客人把信件帶往內地,親自交到收信人手上。請「巡城馬」帶信,可選擇由發信人或收信人付款,這種服務有點像今天的速遞。

舊時香港人如果有信件寄去澳門,除了到中上環找「巡城馬」幫忙外,也可以找來往港澳的船員代勞。話說當年船隻抵達澳門後,並非立刻回航,最少也要半天時間進行補給或上落貨,這時,船員便有充分時間上岸送信,從中賺取「外快」。所謂「家書抵萬金」,送信人一般都

捨得付高昂的郵費，希望信件可如期送達。函件上寫有
「到奉一元」，收到信的人便給予 1 元作酬，在當年坐電
車只需 1 毫子，食白粥油炸鬼亦只需斗零（5 仙）的生活
水平，1 元的數目認真不少。如果船員勤力一點，帶信的
入息隨時多過正職的月薪！

替人整煲的箍煲佬

▲舊時的香港人最懂得物盡其用，日用品即使已破已爛，仍然不忍丟棄，箍煲的行業大行其道。

說起兒時，總感到以前所有用品都很耐用，偶爾物品損壞了，都可找到專人修理，例如補鑊、箍煲、修整雨傘、修補皮鞋等，大家都想盡辦法延續「他們」的生命，當時的社會比我們現在更懂珍惜。

以瓦煲為例，為了使其更耐用，箍煲佬會把瓦煲箍上鐵線，以防撞爛，這項工序簡稱「箍煲」。若鐵線被火燒壞，人們可以找箍煲佬修補。

男女感情出現問題，其中一方想去挽救，叫做「箍煲」。不說不知道，這個民間俗語是來自昔日的「箍煲」行業。

輟學養家的擦鞋仔

▲ 窮人的孩子早當家，當年擦鞋業最多童工。

「擦鞋仔」一詞有「拍馬屁」的含意。原來在二次世界大戰之後，「擦鞋」曾是香港盛極一時的街頭行業，而當時街頭擦鞋的行業多數由小孩擔任。

1949 年之後，大量國內人民湧進香港，人口激增，社會貧民眾多。加上戰爭結束不久，市面蕭條，工作機會少。為了生計，小孩沒有機會讀書，更需要出外工作幫補家計，他們除了上街替人擦鞋外，還要派報紙、替人開車門等。

當時的香港，普遍有「先敬羅衣後敬人」的思想。西裝配皮鞋是男士必備之物，加上打工仔注重衣冠，鞋一定不能骯髒，擦鞋行業有很大的需求。

為了做成生意，「擦鞋仔」會各出奇謀：

話說，在 50 年代，韓戰爆發，美國軍艦以香港作補給站，很多水手來到香港。他們上街時愛找擦鞋仔擦鞋，

出手就是美金兩毫半（相等於港幣 1 元 2 毫 5 分）或者美金 1 毫（相等港幣五毫），非常闊綽。當時，擦鞋仔一般會三五成群結黨，以便互相照應。若遇有不肯擦鞋的水兵，擦鞋隊「前鋒」會把預先準備好的「白鞋水」（用來塗帆布鞋的）潑在水兵的黑鞋上，跟著發足狂奔，逃之夭夭。這時，水兵看看腳上的黑皮鞋，連繩都染白了，就這樣返回戰艦一定遭長官責罰。正當他們狼狽不堪之際，擦鞋隊「後衛」就會出現，向這位不知所措的水兵兜搭擦鞋，水兵不知他們乃同謀，唯有乖乖付錢擦鞋。

榕樹下的講故佬

▲ 晚飯後到榕樹頭聽故，是以前的一大娛樂。

油麻地天后廟前的空地長有多棵大榕樹，是區內難得的「天然涼傘」，從前附近的居民在茶餘飯後，總愛來到榕樹下納涼，人流越來越多，於是吸引不少賣武、算命、唱曲和講故的賣藝者到此謀生。

以前講故佬愛在廟街的榕樹下面講故，他會在樹下擺放大約 50 張櫈仔，如果你想舒舒服服的坐下來聽他講故，只要付錢即可；如果站著聽講故，付錢與否，悉隨尊便。講故佬所講的「故」，通常都是《水滸傳》和《七俠五義》等民間故事。

自 70 年代政府把廟街劃為小販認可區後，廟街越見繁盛。每當夜幕低垂，各式各樣的攤販開始營業，除了講故，還有賣武、賣藥、睇相，每夜華燈初上，這裡熱鬧非常，吸引了世界各地的旅客慕名而來。

不過，現在來到廟街，很難找到講故佬，原因是在資

訊爆炸的年代,大家透過網路可享盡免費娛樂及資訊,不用講故佬來解悶,講故佬的行業早已悄然而逝,殁入歷史洪流之中。

執字粒：粒粒皆辛苦

▲ 字粒已被列入古董行列

在人人都有打印機的年代，只消按一個掣，便可把電腦文件印在雪白的 A4 紙上。錯了一個標點符號嗎？在電腦改正後再印過即可。若把時間推前 50 年，這一切都變得匪夷所思！

全人手操作的活字印刷

顧客希望印製一份單張，來到印刷廠，大約需要等 5 天至 1 星期。為甚麼要這麼久？首先，印刷廠收到稿後，要點算所需要的文字字粒及其數量，若字粒不夠就要去鑄字公司買。每次買，要買齊 26 個字母。例如要印一個名片，那人中文名叫關家琪，英文名是 Ka Ki Kwan，需要 3 個 K。剛好印刷廠沒有「K」，就要到鑄字廠買齊 3 套 A 至 Z 的字粒。買齊字粒後，師傅便要開工執出字粒排版。現代人有電腦幫手，要隔一個空位，按電腦 Space 鍵即可；想把文字移下一行，按電腦 Enter 鍵就搞掂；想每行

▲ 用電腦打字，按下 Space 鍵，即可快速地替文字隔空位；在活字印刷的年代，就要靠俗稱「瓜打」的工具，替字粒隔空位。

文字整齊排列，電腦 Tab 鍵可以大派用場！但在執字粒的年代，就要靠不同型號的「瓜打」，它們是比字粒較細的定位鉛粒。師傅排版時需要計數，算準字粒外的空位，再攝上不同厚薄的「瓜打」。完成後，再用其他輔助工具如鉛線和鉛隔來固定字粒，這些配件砌成的板動輒重數十磅。接著，把整套字排版放入活字刷機裡印刷，每個階段都由人手操作，少一點力氣和耐性，都不能印出完美的印刷品。

現代人有電腦幫手，文字的字級大小和字款任君選擇。但用字粒排版的年代，中文的字粒只有 7 種大小規格，字體最大的是特號，最細是 6 號，公司名稱通常使用 4 或 5 號，而人名使用 2 至 3 號，視乎設計而定；而中文字體

的選擇只有楷書、仿宋、黑頭、秀麗和長宋，若是遇到特別要求，便要找專人雕製。

6、70年代，很多活字印刷廠的訂單多到做唔切，每天都在趕印著不同印刷品，除了固定伙記外，很多時要請散工趕貨。生意亦包羅萬有，有洋行合約、發票、收據、請帖等。但自從電腦柯式印刷流行後，活字印刷機已不再開動了，很多店舖已轉型做柯式印刷的生意，舖內的活字印刷機只供遊客拍照。

前財爺曾俊華都做過執字粒

不說不知道，原來前財政司司長曾俊華年輕時也靠「執字粒」賺外快。

話說，十多歲已赴美讀書的曾俊華，中學時已出來搵兼職，在紐約唐人街的中文報館工作。那時他一放學就跑到印刷房幫手「執字粒」，不過就未算熟手技工，一篇數百字的短文就得花上近1小時處理，執完雙手還染滿墨漬呢！

讓人死得風光的儀仗隊

▲大約 1920 至 1940 年，富有人家過身，家屬會為其風光大葬，送殯人員會遊街。

以前香港出殯流行遊街，孝子們披著麻衣，伴著棺木上街，富有人家為了讓死者風光大葬，會聘用儀仗隊，擔幡奏樂，浩浩蕩蕩，越多人越顯氣派。儀仗隊包括一個打大鼓、一個打小鼓、兩個吹喇叭。為壯聲勢，有錢人更會花錢再增聘幾名樂手。

儀仗隊中有人負責抬棺木，也有人負責抬亭。究竟抬甚麼亭？原來，以前出喪時大小花圈和各項祭品都會放在用木搭成的小亭內，勿小看這個小亭，隨時重過棺木。以前的人認為亭越重，代表祭品越多，葬禮越風光，但對負責抬亭的人就越辛苦。

由喪家住處抬到墳場，路程甚遠，而沿途有人致祭，又加上孝子賢孫傷心過度，步履緩慢，於是儀仗隊抬一段、停一段、一起一卸，抬亭的人膊頭認真受罪。抬完一次亭，那人的膊頭至少痛 3 至 5 日，因此，以前有句說話

叫「慘過抬亭」，形容工作很辛苦，比儀仗隊中那個抬亭的人還辛苦。

　　中環荷里活道一帶曾集結頗多的儀仗館，富有人家若家有喪事，都會到這裡聘請儀仗隊。後來，香港不斷發展，高樓大廈林立，人多車又多，可供儀仗隊遊街的地方不多，漸漸專為白事服務的儀仗館就被淘汰了。

失傳的木屐手藝

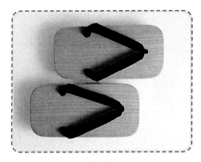

▲在舊日的香港，穿著木屐，盛極一時。

香港開埠初期，木屐差不多是普羅大眾慣穿的鞋子。

製造木屐的過程頗複雜：

Step 1：選購木材：先繪畫木屐的模型，再選用新加坡木、
雜木或杉木等，跟著按圖樣鋸木，再用沙紙磨滑
木屐的表面。

Step 2：批灰：因木材有很多小孔，經過批灰，令到屐面
平滑，油漆會上得更靚。

Step 3：手繪圖案：在木屐上繪上各式圖案，師傅們一般
繪工一流，花鳥蟲魚都畫得栩栩如生。

Step 4：釘上屐皮：這個步驟是在客人光顧時才做的，因
要按著客人的腳型而調整屐皮形狀和大小，務使
客人穿得舒舒服服。

　　不過，60 年代起，塑膠鞋大行其道，木屐抵不住衝擊，慢慢被淘汰了。據說，香港最後一間木屐專門店已在 1971 年結束營業。

為環保出力的收買佬

▲收買佬收買爛銅爛鐵，隨時執到寶，一朝發達！

在舊日的香港，收買佬這個行業成行成市，他們會把收集得來的東西，加以清潔、整理和分類，令廢物能循環再用，以今天的角度來看，非常合符環保原則。

採用以物易物作業

早期的收買佬多數採用以物易物的方式，他們會挑著兩個竹籮上街，還手拿搖鼓，左右搖動，發出聲響，一邊高叫：「換麥芽糖、換花生、換紅絲線、換針線。」這時，很多婦人會拿麥芽糖、花生、紅絲線或針線跑出來交換，她們交換甚麼？現在聽起來可能很可笑，就是脫髮、雞毛和鴨毛。

換脫髮、雞毛和鴨毛來做甚麼？原來，以前婦女流行梳髻，如果本身頭髮不夠多，就會借助假髮幫手。婦女把假髮取回來，就可以用來造假髮髻了。

至於雞毛和鴨毛，曬乾後可以用來做雞毛掃、枕頭床褥和鴨毛扇等。

改為低價收購爛銅爛鐵

後來，收買佬會低價向市民收購爛銅爛鐵，他們挑著一個籮，用小鎚敲打小銅鑼，發出「噹噹」聲，並沿街高叫「收買爛銅爛鐵、爛金牙、雷公銅、朱義盛、爛銀器」。「雷公銅」是指白銅，「朱義盛」則指電鍍造的假金器。收買佬把收買回來的低賤貨品略為清洗和潤飾，就會轉手賣給適合的店舖。

收賣佬致富的傳說

當時有個收買佬發達的傳聞：話說，當時鴉片流行，很多二世祖抽鴉片抽到破產，連上一代遺下的家傳之寶也以賤價賣給收買佬。有個收買佬某日收得一個銅香爐，以1元成交，回家把香爐洗乾淨後，才發現是個金光燦爛的金香爐，重達2斤，最後成功賣得1,000元。收買佬一朝發達，還用500元買了間屋，與家人齊齊享福呢！

靠力為生的打鐵佬

▲在老香港，打鐵行業大行其道，生意滾滾來！

　　以前人們生活的必需品，除了木製外，還有用鐵造的。當年科技不及現在發達，很多都要靠人手搥打出來。打鐵匠一早就開工，由大清早就做到傍晚，而且不止一人開工，幾個人會無時無刻地在打鐵，轟轟作響，嘈吵得很！當年沒有嘈音管制條例，一般市民都敢怒不敢言。

　　有打鐵老匠憶述，以前打鐵這一行是當紅炸子雞（非常興旺），6、70年代，街頭巷尾都有一間打鐵舖，以前還未有塑膠筒，很多家庭用具都是靠打鐵匠打出來，例如盛米的米桶、煮飯的鐵鑊、炒菜的鐵鏟、垃圾鏟、飯枱圓板、信箱、老鼠籠、冷氣槽、鐵閘、防盜欄、木方、鐵鎚、鐵鉗和剪刀等。全盛時期，打鐵老匠可謂日日做到無停手，連假日都要工作。

　　後來，塑膠製品流行起來，打鐵舖便逐漸式微，甚至被淘汰了。現時在香港懂得打鐵的師父已不超過十人，很少年青人會願意入行，相信在不久將來，此行業會成為歷史，從此消失。

替孕婦接生的穩婆

▲雅麗氏紀念產科醫院是全港第一所訓練助產士的機構

　　早年中國孕婦不太接受由西醫接生，通常都是請接生婆（又稱「穩婆」）回到家裡幫忙，窮苦人家甚至會自己動手。不過，古時的人認為「生仔好似攬過鬼門關」，因一般穩婆的衛生概念貧乏，她們會用未經消毒的竹篾、破瓦甚至生鏽的剪刀切斷臍帶，再用草紙灰、膏藥或鄞艾包裹嬰兒，結果導致母嬰感染，新生嬰兒易患破傷風症，產婦患褥熱症也不少；又因缺乏生產知識，無法應付難產，故此產婦和新生嬰兒死亡率高企。

　　1891年，那打素醫院護士長史提芬夫人到任。她救活不少送院垂危的產婦，又應邀到家中救助難產婦人，自始華人慢慢接受西醫接生。

　　後來，在何啟和周少岐鼓勵下，多位華人領袖請求倫敦傳道會委派一位女西醫來港，他們更承諾負責醫生5年的薪金，又募捐興建產科醫院。

1903 年西比醫生（ Dr. Alice Sibree ）到港，是本港第一位女西醫，翌年，雅麗氏紀念產科醫院啟用。西比醫生一面主理產科服務，一面訓練和監管助產士。由 1906 年起，受訓的助產士陸續畢業，自此西醫接生漸受華人歡迎。

20 至 30 年代，助產士成功建立了名聲，更在民間開辦私家留產所，為市民服務。到了今天，香港的產婦全部在設備完善的醫院分娩，並有產科醫生主理，母嬰死亡率較先進國家的還要低。

已絕跡的戲院廣告畫

▲以前，所有電影海報都是人手繪畫，每一筆都注滿汗水。

　　現在，新戲未上畫，已有鋪天蓋地的宣傳，戲院內、戲院外，甚至隧道口，都有大型的電腦廣告橫額，令人目不暇給！

　　在舊香港，電腦尚未普及，所有廣告都是人手畫出來的。以前掛在戲院前的巨型廣告畫，一般 20 呎乘 48 呎，好大塊，師傅聯同幾個徒弟仔會把廣告畫板切開幾份，各自畫好自己的部份後，然後再將各部份組合起來，情形好像砌 Puzzle 一樣。大家要好有默契，若果你有你畫，我有我畫，把幾塊畫板合併之後，就會不倫不類，拼唔成一幅完整的廣告畫。

一到雨天，主角就流眼淚

　　以前人手畫的廣告畫無遮無掩，就咁大大幅懸掛在戲院門外。畫廣告畫的顏料是一種粉末，如果下大雨，雨水會把粉末溶化，搞到畫中人甩皮甩骨。有見及此，每完成

一幅廣告畫，師傅及徒弟們就要齊心合力拿着熨衣服用的銅噴水壺，灌入膠漿，向廣告畫的主角面部噴膠，可以防水。

一幅廣告畫，最緊要主角塊面，剩係噴塊面都已經唔簡單！一噴就噴幾個鐘，全程都係蹲著，噴完後企起身已滿天星斗，暈陀陀了，這個工序最辛苦！

「新戲上畫」的由來

以前每逢有新戲，便會掛上一幅新的廣告畫，所以「新戲上畫」就是這意思。

以前，由尖沙咀沿着彌敦道，至現在太子一帶，全都是戲院，真的很多，每條街角有一間大戲院，而且戲院是獨立一座樓，只要坐巴士，在彌敦道走過，基本上好像看畫展一樣，兩旁全都掛着電影海報，觀眾就是憑這些大型電影海報，選擇到戲院看哪套電影。

一幅廣告畫一般需要一位師傅和兩至三位徒弟一起完成，做好後通常掛兩星期就要落畫，成本太高啦！後來，電腦噴畫技術日益進步，成本便宜，戲院於是不再聘用廣告畫師，行業漸漸式微，最終被淘汰。

PART II

消失的景點

香港近年的城市發展速度非常迅速，不斷拆卸，不斷重建，即使做了保育功夫，但重建後的模樣已面目全非。重建，令舊貌不再重見！許多歷史景點已消失得無影無蹤，只得從舊日發黃的照片裡懷緬。

春園街昔日是紅燈區？

▲山道天橋為石塘咀的地標

春園街 (Spring Garden Lane) 位於灣仔，毗鄰修頓球場，是一條單線行車的窄巷。

1840 年代香港開埠初期，灣仔皇后大道一帶原為碼頭，從事鴉片、茶業貿易的英國商人顛地 (Lancelot Dent)，在現時「春園街」一帶擴建其花園洋房，其範圍由灣仔道伸展至大王東街。他的花園設有泉水池，故街名就順勢取名為「Spring Garden」，中文譯作「春園」。

後來，顛地破產，洋房人去樓空，「春園」也乏人打理。後來，華人勢力抬頭，富有的華人有能力買地，「春園」一帶被改建成中國式樓宇，並開闢了多條街道，包括春園街、舢板街 (現稱三板街) 等。

及至上世紀 2、30 年代，春園街、舢板街 (現稱三板街) 更一度淪為「大冧把」。所謂「大冧把」，俗稱「紅燈區」，指男人尋花問柳的地方。之所以叫「大冧把」，是因為當時的流鶯會在妓寨梯間旁顯著地寫上大大個門牌

號碼，方便嫖客尋找舊相好。

1935 年起政府嚴令禁娼，「春園街」仍有大量私寨，經警方多次執法，最終一間間私寨結業倒閉。但取而代之，卻是毒品販賣的九流之地，令這裡盜賊猖獗，風化案、自殺他殺的案件無日無之。

二次大戰之後，隨著修頓球場啟用，又鄰近香港大舞台，這裡又搖身一變成為小販擺賣的地方，這裡攤檔眾多，小販為了餬口，每晚長駐，好不熱鬧。

今天的「春園街」沒有流鶯妓寨，也不再是毒品販賣之地，小販檔也消失無蹤。時間流轉，商舖租客不斷更替，「春園街」早已從眾人注目的視線退了下來，變成一條尋常的橫街窄巷，新一代只知道穿過「春園街」就可以到達胡忠大廈，未必知道它曾經有如此複雜的過去。

昔日的雀友樂園

▲今天的「園圃街雀鳥花園」，跟當年康樂街熱鬧盛況大相逕庭。

康樂街是砵蘭街及上海街中間的一條後巷，曾經是雀友的集中地，又稱「雀仔街」。「雀仔街」已消失，變成今天的「朗豪坊」。

早在上世紀 50 年代，香港盛行「玩雀」文化，不論是公子哥兒還是公園大叔，每天早上都會提着鳥籠去茶樓品茗，並與一群愛雀的茶客交流養雀心得。在上海街一帶的奇香茶樓、雲來茶室等，都是昔日雀友的集中地。他們玩得專業，對雀籠十分講究，結果吸引一班雀販前來售賣雀鳥用品。

自茶樓相繼結業後，雀友及雀販便「轉戰」康樂街聚集，令康樂街變身成為有特色的「雀仔街」。80 年代高峰時期，在「雀仔街」販賣鳥籠、雀栗、草蜢及雀鳥的商店多達 80 間，其中鳥類以相思、畫眉、了哥和鸚鵡為主；鳥籠有木籠、膠籠、竹籠、鋼籠和鐵籠等；放置飼料的雀杯也有白瓷、青花等，品種多元化，令人目不暇給。這裡

鳥聲人聲交雜，好不熱鬧。

可惜進入 90 年代初，康樂街因配合政府的重建計劃而遭拆卸，原址清拆後興建今天的「朗豪坊」。「雀仔街」的販商則遷至花墟道一帶的「園圃街雀鳥花園」繼續營業。雖然「家園」猶在，環境又比以前清潔，但地方不及以前便利，又歷經禽流感爆發，多重打擊下，客人大量流失，生意已風光不再。

再者，時移勢易，現今的娛樂選擇眾多，玩雀品鳥一族已越來越少；喜歡上茶樓嘆個一盅兩件的人也越來越少，令聚在一起品雀的老香港文化，一去不返。

旺角一
曾荒蕪得只剩下一個石礅

▲目前，旺角是一個無人不知的不夜城；誰會想到它以前是一個毫不起眼的荒地。

今天的旺角，連鎖店林立，到處都擠滿遊客，每逢週六日更是賣藝者表演的場地，可謂香港的不夜天。

戰前時還未有「旺角」

大家試想一下，在二次大戰之前，香港還未有旺角這個地方，可以說是荒蕪得只剩下一個石礅。「旺角」本是一個動詞——「望角」，話說，當年從深水埗至油麻地一帶，大部份都是荒野，人們想知道自己是否已到了油麻地，就要以一石為記——當你遠遠「望」到洗衣街與山東街交界處，即麥花臣球場側邊廟宇旁的石礅「角」落，代表你即將到達油麻地了。這石礅就成了旺角的標記。

油麻地：曾是維修漁船的集中地

上文提到，當時的旺角仍很荒蕪，只是一個石磡而已；反而毗鄰的廟街則非常興旺。油麻地的廟街一帶早在 19 世紀已有華人聚居，並以漁民居多。漁民日常的工作主要是在油麻地眾坊街天后廟的海灘上結網、補網、修船，還有開蜆及曬魚等。

從前漁民以木製漁船，以麻繩織纜，許多漁民都將漁船停泊在現時油麻地一帶的海灣，並把麻製的繩纜及魚網鋪在岸邊曬晾，當地因而引伸成「麻地」這名字。「油」則是指桐油，漁船在大海航行久了，間歇需要維修，並要以桐油修補船身的罅隙，逐漸人們把「油」字冠於「麻地」之首，成為今天的「油麻地」。

時至今天，旺角已成了旺丁又旺財的不夜天，熱鬧和興旺的程度已遠遠趕上油麻地了。據講，石磡一帶自從改名為「旺角」後，就迅速興盛起來，果真是「唔怕生壞命，最怕改壞名」啊！

蘇杭街—曾是香港的不夜天

▲蘇杭街曾是絲綢的集散地

講起女人街，人人都想起旺角的通菜街。

香港最早的「女人街」，是位於上環的蘇杭街，它的原名為「乍畏街」（Jervois Street）。

1851 年 12 月 28 日，上環街市一帶發生火警，燒毀幾百間屋，燒死了 30 多人，災區重建，就由總司令官威廉·乍畏率領工程人員開闢街道，命名「乍畏街」。不過，當時的華人仍愛稱這條街為「蘇杭街」，原因是該處專賣蘇州和杭州運來的女性化妝品、絲綢和布匹，所以叫它為「蘇杭街」。

中環的威靈頓街曾是香港紅燈區，該處華洋妓女都愛到附近的蘇杭街選購胭脂水粉，好不熱鬧。加上，蘇杭街毗鄰三角碼頭（現已拆卸），許多過境的商人和旅客都趁開船前買貨，在年近歲晚，這裡還開設年宵市場，令這裡儼如香港的「不夜天」、「夜中環」。後來，三角碼頭停開，蘇杭街的熱鬧情況已不復再。

石塘嘴—花月韻事

▲山道天橋為石塘咀的地標

　　香港開埠初期，已有妓寨，而且中西分明。外籍妓女在 19 世紀中葉開始聚集在擺花街和附近的區域謀生，早期的華人妓寨則集中在水坑口街，以及就近的荷李活道、威靈頓街、皇后大道、摩羅下街。

　　到了 20 世紀初，太平山區爆發疫症，好不容易才成功抗疫。當局為免疫症重臨，決定在這區整頓和清拆密度過高和空氣不流暢的結構殘舊樓宇。加上，上環水坑口街妓寨被大火夷平，當時的港督彌敦靈機一觸，下令全港所有妓寨一律遷至荒蕪而偏遠的地方且荒無人煙的石塘嘴，從此，香港的鶯鶯燕燕便西移到石塘嘴，「塘西風月」從此拉開幃幕。

　　1920 年，塘西大小妓寨近 100 間，當時有統計從事與妓院有關之行業人數，竟近 3 萬人之多，當時香港人口約 30 萬，即每 10 個香港人竟有 1 個從事與塘西花事之工作，可謂相當驚人！

1935 年，香港政府依隨英國法例立法禁娼，塘西風月暫告一段落。不過在日治時期，日軍總督部頒令所有華人妓院必須遷到石塘咀的「娛樂區」，石塘咀再度繁華起來，大酒家和妓寨都相繼復業。高峰時期，領有牌照的妓院有 5 百多家。隨著日軍戰敗，撤出香港，塘西風月再度閉幕。

順帶一提，「鹹濕」一詞為妓女所創，當年到妓女尋花問柳的多是碼頭苦力，那些男人終日勞累而流汗，且受海風吹拂，皮膚結鹽，惹來一身鹹水味，故稱該等上門尋芳之急色男子為「鹹濕佬」。後來，「鹹濕佬」演變成猥藝男人的形容詞。

黃埔一昔日的貧民窟

▲昔日住滿貧民的黃埔，今天已蛻變成有錢人的地帶！

現今的黃埔花園，就是當年的黃埔船塢所在地，造船及維修船隻的重鎮。

毗鄰的紅磡位於九龍的偏角，且是掘頭路，交通不方便，當年住在紅磡的，大都是黃埔船塢的工人及貧民，黃埔至紅磡一帶可算是貧民區。

在 19 世紀末期，當時黃埔船塢有限公司在紅磡設立了九龍船塢，曾修理過不少船艦，造船技術和出產船隻的排水量皆與日本齊名。在業務高峰期時，船塢平均每星期維修 25 艘船。早年船塢僱用的工人，約佔當時全港的 20% 勞工。到 1890 年，單是香港黃埔船塢僱用的工人就有 2,500 人。在繁忙季節，平均每天多達 4,510 人。1899 年黃埔船塢大肆擴展，聘請了工人 4,000 至 7,000 多人不等。當年全九龍人口共 26,000 餘，單黃埔船塢就僱用了九龍近五分之一人口。

　　黃埔船塢於70年代初停止了大型船舶的建造及維修，並在開始進軍地產市場，昔日的黃埔船塢已發展成為今天的黃埔花園，昔日的貧民窟已發展成豪宅地帶。

土瓜灣一
曾是性病人士的集中地

▲土瓜灣此名原來有段古

　　二次世界大戰之前，土瓜灣一帶沒有建設道路，只有山丘，十分荒蕪。當時，港英政府曾推行政策，把患有性病梅毒的人士，統統趕往土瓜灣這帶的山坡之上，任由他們自生自滅。因當年並沒有藥可以醫治梅毒，此病被視為一種絕症，患者只好自行種一些蕃薯（又稱土瓜）來充飢維持生命，弄得遍地土瓜，故後來人們稱此處叫做「土瓜灣」。

　　說起土瓜灣，還有另一則故事。話說，日治時間，當年日軍為了開闢機場，把「宋王臺」石壆爆破，怎料 3 次都傷及士兵，他們認為此石有神靈，故把它保留，並搬至現在的土瓜灣公園內。香港重光後，因九龍城街坊會的請求，興建一個宋王臺公園，將歷劫苟存的「殘石」移往宋王臺公園內，於 1960 年開幕，供人參觀。

PART III

舊時的娛樂

在物質匱乏的老香港，貧窮，但不愁寂寞，人們懂得炮製娛樂節目，$0 就可玩個不亦樂乎！無錢萬萬不能？在那些年，鬥蟋蟀、玩字花、睇粵劇、拉衫尾入戲院睇戲、到荔園餵大笨象、睇公仔書，這一切舊日玩意向大家證明：不用太花錢，也一樣可以活得精彩！

黑膠唱片‧品味慢活

▲黑膠唱片的聲音讓人聽起來有現場感！

　　黑膠唱片是上一代人的古董，很少新一代人會再懂得欣賞。其實，黑膠唱片代表一種生活態度，一種慢活的生活品味。聽黑膠唱片時，需要揀碟、取片、清潔、播放、翻面、收片，每一個「儀式」都很講究。對於時下追求快靚正的都市人來說，聽黑膠很花時間。加上線上大把免費音樂，何須花費昂貴的價錢投資在黑膠和唱盤上？

　　但在Dark Hard Fans心目中，放棄黑膠的人是「唔識貨」，黑膠的聲音很暖、很真實。播放時，唱針會與唱片摩擦，經過空氣震動而發出聲音，讓人聽起來有現場感！相反，CD太光滑潔淨了，聽起來很冰冷。

　　年長一點的香港人都知道，黑膠唱片曾經是引領全球的潮流。昔日的香港人沒太多娛樂選擇，多是看電視、聽

唱片之類；60年代經濟開始起飛，當時人們每月平均收入約$100，每張碟已賣$10至$20，黑膠屬於高消費物品。

70年代是黑膠唱片的黃金時期，唱片舖成行成市。唱盤好像今日的電腦，是家家戶戶的必需品。

當年譚詠麟一張黑膠唱片賣30萬隻，平均每10人就擁有1隻，創下香港唱片業的驚人紀錄。

不過，隨着90年代CD興起，黑膠唱片的生意一落千丈之餘，一堆堆黑膠唱片被送進垃圾房，「黑膠」的名字步入歷史，堆填區就是它們的宿命。

為甚麼CD會取而代之？死因就是成本問題。生產黑膠需要製模、壓印、修邊等，工序繁複，製作上萬隻需時1個月；相反，同樣數量的CD兩天已製成，成本較低，因此吸引商家轉型。自此，歌手推出新歌一律只出CD版，樂迷不得不跟隨潮流，紛紛將家中的唱盤和黑膠丟棄。

近年香港吹起一股慢活風，人們希望把自己急促的步伐慢下來，好好品味時光，為黑膠唱片帶來小陽春，但是「黑膠熱」可以維持多久？香港人會否又是三分鐘熱度，大家拭目以待。

鑼鼓震天的廣告戲台

▲迷你戲台上的古裝布偶，十分引人注目！

今時今日的廣告，款式多元化，有報章雜誌廣告、電視廣告、地鐵廣告、社交媒體的線上廣告、在街邊派單張或放易拉架、或者在劇集裡面做植入式廣告，任君選擇。

以前商家為了吸引消費者眼球，同樣各出奇謀，他們會花心思在店舖面前架設色彩繽紛的迷你戲台（俗稱「公仔箱」），透過會動的古裝人物和鑼鼓聲，令遊人停下腳步欣賞，店員就會想盡辦法留住客人，招攬生意。

在紮作行家的口中，這類的公仔箱叫做「吊工」，是利用大型花牌吊高給觀眾欣賞的機械戲台。為何需要將公仔箱「吊高」，原因是要埋藏機關裝置，令人猜不透令戲台上古裝布偶（又叫「較生公仔」）生靈活現的秘技。

透過操作人員在裡面扯線和公仔箱內的機關，布偶角

色複雜的動作才能栩栩如生地展現。當時沒有錄音機,機械公仔打鬥過程中發出的聲音,全靠公仔箱內部的機械控制戲台上的人物模型,逼真地還原敲擊迷你鑼鼓製造出來的。

在戲台上演布偶戲,是上世紀5、60年代流行的廣告方式。賣月餅臘腸的店舖最常採用,原因是當年月餅臘腸的市場競爭激烈,商家彼此都要爭相吸引消費者購買。當時沒有電視宣傳,靠的就是街坊經過,店舖面前有聲畫俱備的戲台吸引他們關注。人們經過一些月餅舖、燒臘舖前,常會聽到一些「叮叮咚咚」的聲音,抬頭望去,可以看到一個花牌上安裝了迷你戲台,一些穿著戲服的機械公仔個個生龍活虎,表演著經典劇目片段。

這些發出鑼鼓聲的迷你戲台十分引人注目,但後來隨著電視的普及,商家做廣告的方式越來越豐富,大型花牌慢慢「退隱江湖」,機械戲台也就慢慢淡出了人們的視線。

如今大家要走到香港歷史博物館,才有機會看到當年的機械戲台。在館內,展出了一套由「生和隆」九十年代製作、以「仕農工商」為主題的布偶戲台。

人人著迷的公仔書

▲圍埋一齊看公仔書，是老香港不少孩子的主要娛樂。

漫畫書，又叫公仔書或連環圖，1970 至 1990 年是香港漫畫的高峰期，當時香港最暢銷的漫畫幾乎都是武打漫畫，這些武打漫畫以打打殺殺的畫面風格見稱，全盛時期幾乎每日都有兩三本公仔書出版。

曾引起公憤

昔日的公仔書千篇一律都是神魔武俠，描寫俠士為報仇雪恨，上山學法，面對妖精鬼怪之考驗。當年的「公仔書檔」成行成市，讀者只需要向書檔主人付出 1 毫子，即可以坐在這裡看 10 本連環圖。據當時的統計，單在油麻地一區，已有 42 檔專靠出租連環圖為生的公仔書檔。

由港漫轉移至日漫

一般理髮店及街頭理髮檔為了吸引兒童幫襯，都提供

大量公仔書。兒童慳起零用錢，就花在這些公仔書檔。據說，這些令兒童廢寢忘餐的公仔書，曾引起當年部份社會人士不滿，他們曾發起「向連環圖宣戰，救救我們的下一代」運動，但這些輿論似乎沒有收效，直至現在，青少年及兒童們仍為漫畫樂此不疲，不過他們較鍾情日本漫畫，還會粉墨登場，大玩 Cosplay，以服飾和道具的配搭，加上化妝造型、身體語言等等，來扮演成漫畫中自己喜愛的角色呢！

老香港歌壇的女伶

▲今天韓風盛行，昔日粵曲才是主流。

清末民初時，由盲人自彈自唱的表演非常興盛，後來發展到由非盲人的女子登台演唱，這些女獻唱者被稱為「女伶」。

廣州西堤二馬路的慶南茶樓和河南的建南茶樓，第一次請「港伶」登台，就邀來了一位名叫燕燕的女伶獻唱，燕燕憑著《斷腸碑》一曲紅遍省港。

到了 20 年代，省港歌壇的「唱盲妹」之風不再，香港的女伶順勢而生。因為女伶演唱十分受市民歡迎，所以設有歌壇的娛樂場所越開越多，女伶演唱已經成為市民生活的一部份，香港當時的歌壇設備異常簡陋，幾張桌子砌成歌台，中置茶几，其側擺椅，女伶端坐其間引吭高歌；一眾樂師則分坐兩旁拍和。

香港在 1930 時，便已經有粵曲歌壇的「四大天王」，有小明星、張月兒、徐柳仙、張蕙芳，她們 4 人合稱四大天王，在當時又稱「平喉四傑」，四大天王各有擅長，帶動了省港澳整個珠江三角洲的粵曲壇之旺盛。

受禁止的鬥蟋蟀

▲許多富家子弟最愛聚眾鬥蟋蟀

香港鄰近廣州，因此香港的賭博方式也受到廣州影響，例如鬥蟋蟀，便是受到廣州的影響。由於當時鬥蟋蟀有賭博成分，而且賭博的方式十分殘忍，政府一直禁止，因此，一定要有門路才知道哪裡有鬥蟋蟀。

不要看鬥蟋蟀只是一場賭博，原來鬥蟋蟀的場地也有專有名字，叫「蟀獵」或「蟀獵大會」，也有比較文雅的名字叫「秋聲別墅」或「秋聲俱樂部」，單看名字根本想不出原來竟然是在鬥蟋蟀。

但蟋蟀是如何鬥法？原來兩方的主人會各自帶蟋蟀放在盆內，一開始兩隻蟋蟀是不會自行打鬥，需要有人來引導牠們，這個行為叫「引蟀」。因為蟋蟀對老鼠十分敏感，所以「引蟀」的方法就是使用一條尖端綁有老大鬚的草，做出老鼠的造型，放在蟋蟀面前晃動，令牠們暴躁起來，牠們便會「埋牙」打鬥。

鬥蟋蟀不用至死方休，通常有一隻蟋蟀認輸並跳出鬥

盆，所屬的主人就算輸。鬥蟋蟀的比賽會在一個高台上進行，只有蟋蟀的主人可以親眼目睹蟋蟀相鬥的過程，其他人只可以在台下仰望，但仍然吸引不少人下注。

越禁越多人玩的白鴿票

▲白鴿票遊戲方法簡單，當年無論貧富，人人愛玩！

到了清末，民間流行「白鴿票」這種賭博方式。白鴿票是一張紙，上面寫了《千字文》中的首 80 個字：

天地玄黃宇宙洪荒

日月盈昃辰宿列張

寒來暑往秋收冬藏

閏餘成歲律召調陽

雲騰致雨露結為霜

金生麗水玉出崑岡

劍號巨闕珠稱夜光

果珍李奈菜重芥薑

海鹹河淡鱗潛羽翔

龍師火帝鳥官人皇

　　票廠的師爺將預先選好的 20 個字密封，掛在票廠的正樑上，讓賭客競猜和下注。

　　賭客在白鴿票上用墨筆塗污或用香燒穿要買的字，每次選買 10 個。開彩時間一到，票廠師爺會將樑上的密函取下來解封，並開字 20 個，如果全中 10 個字，一毫子賠 1,000 元，中 9 個字有幾百元，中 8 個字至 5 個字分別賠百餘元至 1 毫 5 分。中 4 個字或以下無錢分。

　　據說，為免師爺洩漏「風聲」，由選字到開彩這幾天的時間裡，他都不能與外界有任何接觸，只能獨個兒留守在房中。這幾天他無事可做，惟有吃鴉片煙打發時間，因此，有傳票廠的師爺都是染上嚴重鴉片煙癮的。

十賭十輸的賭番攤

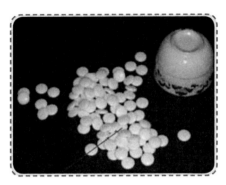

▲ 賭番攤

　　開賭者 (莊家) 在桌上放數十顆大小相同的圍棋棋子，用一個小碗，反過來蓋著當中部份約數十個的圍棋棋子。等賭客下注以後，莊家打開小碗，用竹枝把圍棋以 4 顆為一組，慢慢的扒開。扒至最後 1 組時，如果剩下 1 或 3 顆，便是「開單」；剩下 2 或 4 顆，即「開雙」。若賭客下注時買「單」，莊家扒至最後 1 組時剩下 1 顆或 3 顆，賭客就贏了；若開雙，他下注的金額就賠掉了。

　　其實，賭客要取勝，難度甚高，因為莊家可從中作弊，令賭客十賭九輸。作弊方法是莊客可找人假扮賭客，混在群眾中，全神貫注查看最後會剩下多少顆，然後打眼色、做手勢，示意莊家要做手腳，有需要時可在袖子裡彈出一顆棋子，令單變雙，或者雙變單，改變賽果。

殘忍的鬥狗遊戲

▲一場你死我亡的鬥狗活動即將上演!

　　民國初年,盜賊橫行,治安日壞。珠江三角洲一帶的圍村村民,為了保護性命財產,紛紛飼養狗隻。那時沒有專業練狗師,要增強狗隻的戰鬥技巧和力量,最好的方法就是讓狗隻彼此互鬥,從實戰中學習的磨練。後來,有人看中這項鬥狗活動,並且用來賭博。結果,原意是保家衛國的鬥狗活動,演變成一種賭博形式,繼而傳入香港。

　　在香港,鬥狗一直是違法的,因此,舉行鬥狗的場地非常隱蔽。在 60 年代,新界地區的鬥狗風氣仍是相當盛行。當時,鬥狗品種以中國的沙皮狗最為突出,當中尤以廣西大瀝沙皮狗是公認最好打、最兇、最狠。而外國品種是以布爹利最為厲害。這兩種狗的打鬥方式很不同,沙皮狗會向對方的頸部埋手,致對方於死地;而布爹利則會首先咬對方的腳,令對手喪失行動能力。

鬥狗的場地可以是十分簡單，只要有一處空地，用一疋白帆布將空地圍起來，帆布的高度約 3 至 4 尺。比賽之前，入場觀眾會下注碼，賭哪隻狗會勝利，賭客的注碼很大，動輒數萬元一注。

鬥狗開始時，先由狗主人各自把自己的狗拉進帆布圍帳中，各據一方。此時，兩狗已互吠得非常嘈吵，都想用力扯脫被主人牽著的狗帶，像是要向對方撲去似的。這時，公證員也會進入帆布圈之內，雙方狗主會解開狗帶，公證員一聲令下，兩狗飛撲向對方，就這樣便打起上來了。

狗主通常會很著緊自己的狗，不會看著自己的狗活活戰死。當公證員發現其中一方的狗隻有「響口」、「耷尾」、「鬆身」、或「走頭」等行為，即可馬上判出輸贏，不用至死方休。

「響口」：其中一隻狗捱不住，發出一些似吠非吠「嗚……嗚……」的聲音。

「耷尾」：條尾耷低，像斷了一樣。

「鬆身」：狗很害怕，全身的毛都鬆起來。

「走頭」：狗隻臨場縮沙，不敢應戰。

在鬥狗期間，其中一隻狗出現上述的響口、耷尾、鬆身或走頭，那隻狗便會判定是落敗了，而那狗的主人是不能提出異議的，只得應輸。

至死方休的鬥雀

▲除了鬥狗，鬥雀同樣殘忍！

香港有句老話：「生活淡薄，不如賭博」，是形容早期的香港，一般市民的生活較清苦，娛樂不多，賭博是其中一種。其中鬥雀是最受歡迎的賭博之一，用來打鬥的雀有鵪鶉，豬屎渣和畫眉。

鬥雀之中，以鬥鵪鶉的方法最為奇妙，要牠們相鬥，首先把兩隻鵪鶉放在同一個籠之內，灑一把穀在籠中，穀粒的數量一定要單數，例如 35 粒。鵪鶉是天生平均主義者，吃穀會很公平的你一顆我一顆，吃到最後一顆，決定不了究竟是誰吃，便會大打出手，直到分出勝負，由勝出者吃掉最後一顆。

至於鬥豬屎渣和鬥畫眉，就是將兩個豬屎渣 / 畫眉的鳥籠放在一起，門口對門口，兩隻豬屎渣 / 畫眉便會隔籠互啄，一會之後，公証人看到時機已到，便會將兩個雀籠

的門口拉起，兩隻豬屎渣 / 畫眉便會為了「保衛家園」而
拚死相鬥起來。

當時在灣仔、深水埗、九龍城的茶樓，是鬥雀的大本
營。打雀的活動通常是在大清早茶樓內舉行，由兩雀的主
人私下傾談其賭注，賭注可大可小，由數百元到數萬元都
有，除了雀鳥主人互賭之外，圍觀的茶客可以下注，當然
其賭注很可能比較小了。

時至今天，隨著玩雀的上一輩年老病死，鬥雀活動已
漸漸消逝於歷史的洪流中。

玩字花：曾風行街頭巷尾

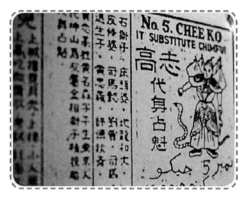

▲當年，玩字花的活動全城熱捧，連傳媒都有份推波助瀾！

「字花」這項非法賭博活動，曾經在香港曾流行一時，1950 年代末期至 1970 年初期是香港字花的全盛時期。

最早前的字花玩法是以 36 位古人做代表，例如三國人物（劉備、關羽和張飛等），每位古人有一個號碼，由字花廠的師爺在晚上決定開哪一位古人，便把名字寫在紅紙上，放在沙煲裡，加上封條後吊在樑上。翌日開字花時間一到，字花廠的師爺會手拿木棍，即席在群眾面前，隨意打破 36 個砂煲中的一個，以作開彩。買中的賠率是 1 賠 30，每注只是 1 毫或 2 毫而已。

今天我們買六合彩，可以到投注站；以前買字花，要找「艇仔」，即莊家的跑腿。「艇仔」的職責是到各處收取市民的投注，地點包括西營盤、油麻地、深水埗等地的街頭巷尾的樓梯口等，收集所有投注後，就帶返字花廠。

開彩後，「艇仔」負責把彩金發放給中獎的市民。字花的投注多少不拘，1、2 毫子便有交易，開彩後中獎者可以即時收取彩金。

不過，買字花這項賭博存在很大的作弊漏洞，輸贏基本上完全掌握在字花廠的師爺手裡，原因「艇仔」把投注帶返總廠後，字花師爺會點算一下賭客愛買哪幾個名字，便故意不打破哪幾個砂煲，保證字花廠輸少贏多。

後來，字花演變出新的玩法，就是字花廠與報館合作，每天在小報頭版刊出「花題」，即是一幅不明所以的圖畫，揚言畫中有答案提示 (當時述語叫「口電」)，賭客只要細心研究，就一定可以買中云云。字花廠藉著「花題」吸引更多賭客下注，報館又可以透過「口電」吸引更多讀者買報，雙方互惠互利。

雖然買字花是非法賭博的行為，但只要字花廠肯花錢賄賂警察，就通行無阻，「大展鴻圖」了。不過，人算不如天算。直到 1967 年，香港爆發暴動，政府實施了幾個月宵禁，加上常有炸彈事件發生，市民如非必要都避免上街，更沒閒情玩字花，令字花行業面臨衝擊。到了 1970 年，廉政公署正式成立，字花廠再沒有警務人員包庇，紛紛結業，數目大減。到 1977 年政府通過賭博條例，嚴懲各類非法賭博，在香港存在超過一世紀的字花正式消失。

被遺忘的吹葉笛

▲ 樹葉都可以當樂器

　　不必昂貴的樂器，只需要摘下一片榕樹的樹葉，便可以吹奏一首首美妙的樂曲！

　　用樹葉來吹奏樂曲是老香港的遊戲，稱之為吹葉笛。吹葉笛這種發聲玩具曾經廣受香港的小朋友歡迎，只需要將樹葉放在嘴唇邊，呼氣吹動，樹葉便會發出不同的聲音。

　　不要看吹葉笛好像很簡單，其實挑選樹葉都有一定的技巧！吹葉笛挑選的樹葉要有平、彈、薄三個要領。

平：樹葉邊緣如果太彎曲或是鋸齒狀，我們吹出來的氣流也
　　會因此而亂掉，無法發出聲音。

彈：這是因為音的變化是靠震動，如果樹葉塌下去無法彈起，
　　聲音便也吹不出來；

薄：厚的樹葉吹出來聲音雖然渾厚，但吹氣時卻太費力。

　　如果想要吹完整首曲子最好選薄又彈性好的樹葉，符合這 3 個條件的樹葉，就是我們經常可以看到的榕樹樹葉。

　　吹葉笛的吹奏技巧一點也不簡單，光是要摸索出發聲訣竅就讓不少人知難而退。

戲棚睇粵劇

▲以前人們能夠偷得半日閒到戲棚看戲，已心滿意足！

　　現代人可以看電視、睇戲、打機、上網打發時間，娛樂方式五花八門；但在電視機尚未普及的年代，港人唯一的娛樂就是在戲棚睇粵劇。

　　粵劇於 1920 至 1940 年在香港最為盛行，當年之所以會在戲棚表演粵劇，主要是因為酬神或慶祝特別的節日，例如天后誕等，這些戲棚一般都會建於寺廟附近，戲台會面向寺廟，方便諸神欣賞表演。但有時有些地理環境不許可，戲台不能面向寺廟時，劇團便會在戲棚內臨時豎立一個面向戲台的小型神龕，作為諸神的座位，讓眾神在神龕欣賞表演。

　　在表演粵劇的間場時會有小販及臨時攤檔出現，小販可以售賣食物、飲品、藥油等物品，觀眾可一邊欣賞粵劇表演，一邊飲食。當時紅極一時的戲班有「覺先聲劇團」和「新中華劇團」，在港演出時都吸引大量粵劇迷。

粵劇演出時除了鑼鼓音樂、演員的唱對白外，還會充斥著觀眾的交談，飲食、和小販叫賣等聲音，是一種獨特戲院文化。

二次世界大戰後，由於電影工業的發展，香港很多戲院從上演粵劇改為播放電影。自 1950 年代起，由於演出粵劇的收入不穩定，所以許多粵劇演員都改為投身電影工業，去到 1960 年時，香港已只剩下東樂、高陞、利舞台及普慶戲院偶爾會上演粵劇。

直到現在，除新光戲院外，可供粵劇上演的場地不多，加上經費不足，不少劇團都面臨經營困難。

到戲院磅重

▲以前戲院竟有儀器給人磅重

我們今天走進電影院，都得先踏足購物商場。在香港這個崇尚消費的大城市，電影院已無可選擇地變成購物商場的附屬品……舊時，戲院都是單棟式一座大樓，鶴立雞群於鬧市之中，有富麗堂皇的大堂、水池、雕飾，還貼著對聯，非常架勢！

睇戲前先磅重

有一點值得一提，磅重機是戲院必備的設備之一，每次都吸引許多少男少女或小童前去磅重。至於為甚麼戲院會有磅重機，則無從稽考，估計是當時家用式的磅重機不及現在那麼普及，因此，磅重機大有市場。

當時的體重咭有些印有戲院名字、有些印有祝福語、有些則印有明星如王羽、羅烈等肖像，各間戲院有各自的特色，設計獨特。

然而，隨著戲院大堂面積買少見少，最後一家設有磅重機的觀塘銀都戲院結業後便一度絕跡。最近，這個富有特色的傳統設施重臨於紅磡寶其利街的寶石戲院，大家可到這裡懷舊一番。

唔買唔得的電影特刊

除了磅重機，電影特刊是每家戲院必有的商品。電影特刊類似劇透，方便觀眾理解該套電影的劇情和主角介紹，觀眾要自掏腰包購買，每本電影特刊的售價為 2 毫子，在 50、60 年代差不多是半張戲票的價錢。當年，觀眾買票時，即使沒有表明購買特刊，職員也會隨票附上，並自動把錢扣下，而觀眾一般也樂意接受。

扯衫尾入戲院

▲舊時戲院人手畫票

　　20 年代起，香港開始有零星的電影放映活動。50 年代，香港島和九龍集中了幾十家戲院，到 60 年代，新界各區甚至離島，也開設了戲院。到 1969 年，香港共有戲院 103 家，座位總數 12 萬，為全球入場觀影人次最高的地區之一。

2 張戲票 4 個人入場

　　在現今社會，肯入戲院看戲的人越來越少，許多人會選擇上網睇片。反觀以前，看電影的觀眾每場動輒一千幾百人，氣氛相當熱鬧。那時甚至會有所謂「扯衫尾」的情況，即是父母只買兩張票，再帶兩名子女入場，4 個人擠在兩個座位裡。

　　此外，百多家戲院亦有各自風格。有些會在片尾播放軍樂催促觀眾快點離場；有些則在散場時播放英國國歌配

上女王騎馬展步的片段致謝；有些則聯同贊助商現場贈送禮品給觀眾，那是電影業最輝煌的年代！

上圖是一張電影戲票，買票者更可以參加抽獎遊戲呢！

「走片未到」無戲睇

以前戲院還有一個趣怪現象，就是買飛入場後都未必馬上有戲可播。原因是以前幾個影院會共用一個電影拷貝。一個影院播完，職員要抱著拷貝、騎著單車去下一個影院，一路狂奔，遲到了只能在屏幕上告知觀眾「走片未到」。

人人圍拍公仔紙

▲當年的公仔紙，與現代閃卡差不多，1 吋闊 x 2 吋高，「公仔」大多是歷史人物、漫畫或卡通人物等。有時香煙會附送公仔紙一張。

早於 4、50 年代，社會沒那麼富庶，父母根本沒多餘金錢買玩具給小朋友。他們玩的多是一些自製玩具，例如拍公仔紙，就是當時相當流行的孩童玩意。

「公仔紙」是用卡紙製成，大小與火柴盒相若。「公仔紙」一般印有色彩豐富的圖案，有的是卡通漫畫，有的是民間或歷史人物如三國志、水滸傳、紅樓夢、封神榜等，還有電影明星、飛機大炮照片等，題材相當多元化，而每張卡背後均印有卡中圖案的介紹，寓學習於娛樂。

「公仔紙」的玩法很多，較為流行的有兩種。其一是兩人各自選一張放於手掌裡，跟著一起擊掌，兩張卡掉到地上後，如果「公仔」面向天的一方就算贏，並取得對方的「公仔紙」。

　　另一種玩法就是玩家們同時拿出多張「公仔紙」疊在一起，然後輪流拍桌，拍完桌後如果「公仔紙」散開而沒有疊在一起的就算合格，桌上的所有「公仔紙」會歸拍桌者擁有。每次玩「公仔紙」的時候，小朋友均激動地拍桌大嚷欲勝出，場面熱鬧得很。

荔園的快樂回憶

▲ 荔園，盛載幾代人的童年回憶！

早在 60 年代，當香港娛樂設施還非常貧乏的時候，荔園帶給香港市民的「震撼」，恐怕這一代年青人無法體會。

總面積達 160 萬平方呎的荔園於 1949 年 4 月 16 日開業，當時是香港規模最大型的遊樂場。園內有很多機動遊戲，除了小型過山車、旋轉木馬、氣墊船、鬼屋、摩天輪、碰碰車等，更有港人熟悉的拋階磚贏取香口膠的攤位遊戲。開幕初期荔園更有脫衣舞表演，但後來被批評有傷風化，所以被迫取消。另外，荔園亦為粵劇及樂壇孕育不少名歌星，已故歌星梅艷芳及羅文，成名前亦曾在荔園獻唱。

荔園內的動物園亦勾起不少港人難忘回憶，其中 1958 年運往荔園的「鎮園之寶」大象天奴，在園內居住逾 30 年，

最終在 1989 年 2 月 3 日因為急性肺炎而被人道毀滅，其後園方以大象石像代替。

經歷數十年風光的荔園，隨着 1977 年 1 月海洋公園開幕後，令荔園入場人數不斷下跌。荔園內的動物園於 1993 年率先關閉，園內的動物如老虎、孔雀及駱駝等，部份被送往深圳市野生動物園。而樂園最終捱到 1997 年 3 月 31 日正式結業。

還記得荔園最後一日營業那天，共吸引 3 萬多人次入場。至當晚 11 時荔園宣佈關門，並停止所有機動遊戲，大批遊客仍不願離去，更人手推動遊戲機，最後園方讓遊客繼續逗留，到凌晨接近 1 時，荔園大閘才黯然關上。

荔園當年剪影

▲ 餵飼大象「天奴」、玩海盜船、夜探鬼屋，相信是當年市民參觀荔園時必做的指定動作！

被遺忘的啟德遊樂場

▲彩虹道遊樂場的前身，是鼎鼎有名的啟德遊戲場，有戲睇、有歌聽，兼有機動遊玩！

上圖是彩虹道遊樂場，年青一代未必知道這裡的前身是譽滿香江的啟德遊樂場。

「啟德遊樂場」位於九龍新蒲崗彩虹道，鄰近鑽石山港鐵站，於 1962 年興建，耗資 800 萬港元建成，並於 1965 年 1 月 31 日開幕。

啟德遊樂場內設有摩天輪、單軌火車、碰碰車、旋轉木馬、鬼屋等各式機動遊戲，更擁有可能是全港第一座的過山車。另外有戲院、攤位遊戲等。另外，當時有粵劇名伶及歌星登台表演，例如尹飛燕、尹光、徐小鳳、梅艷芳等等，啟德遊樂場亦曾有電影劇集在這兒拍攝。

除了遊樂設施，啟德遊樂場內更設有四間戲院，包括：珍寶戲院、啟德戲院、多寶戲院、鑽石戲院。

　　啟德遊樂場是不少情侶的拍拖勝地，很多情侶特地來拍拖，玩遊戲，看表演。可惜，後來因當時的香港政府向啟德遊樂場索取過高地租，加上遊樂場鄰近新蒲崗工業區，空氣污染導致生意欠佳，加上海洋公園 1977 年開幕，佔地面積和設施均比啟德遊樂場優勝，成功搶走不少生意，啟德遊樂場捱到 1982 年 4 月終於結業。

形態萬千的麵粉公仔

▲ 在那些年，孩童都渴望擁有一支麵粉公仔。

　　6、70 年代的小朋友，收到最好的小禮物也許就是父母買給他們的麵粉公仔。可是，隨著各式各樣的膠製玩具大規模生產，以及電子產物日新月異，現今小朋友對麵粉公仔再也提不起興趣，這個傳統文化亦因而沒落，如今懂得製作麵粉公仔的老師傅亦買少見少。

　　《西遊記》人物、白兔與孔雀等各式形態萬千的麵粉公仔，早於 6、70 年代，曾遍布本港各區街頭。製作「麵粉公仔」所需的材料簡單，反而手藝更為重要！師傅會將麵粉、糯米粉和糖等材料拌成麵糰，以廣告彩之類的顏料調色，麵糰質感富彈性，且不易乾裂。手法以搓揉為主，簡單如一個果籃，精細複雜如關羽張飛，也可以「一手造成」。

大家可有想過，麵粉公仔可以食落肚嗎？

答案是不可以！原因是師傅搓麵粉時會加入大量雜質，例如師傅會加入色素或廣告彩來調色，部份作品還會塗上透明膠漆，令麵粉公仔看起來有反光感，效果更立體，而且可擺放得更持久。當然，透明膠漆好睇唔好食，放入口隨時中毒。

麵粉公仔沒有特定題材，師傅可以天馬行空；只要他夠功力，基本上搓甚麼似甚麼。至於造好的麵粉公仔有三種表達方法：

1. 籤插式

最傳統表達方式，用長型竹籤把麵粉公仔插著。

2. 座枱式

要計算好平衡度，若重量不均便會企不穩，有心思的話可在底部加入雕花或不同配飾。

3. 精品式

提升藝術層次，將麵粉公仔製成微縮家具，放入微縮場景內，吸引外國人購買。

令人迷醉的鐵皮玩具

▲ 時至今日，鐵皮玩具有價有市！

　　對於 5、60 年代成長的香港人來說，總會擁有過一至兩件鐵皮玩具。鐵皮玩具，顧名思義是以「鐵」包裹著的玩具，鐵皮機器人、鐵皮飛船、鐵皮青蛙、鐵皮直升機⋯⋯多不勝數的款式，成為了小朋友的成長玩伴，現在已成為玩家願意花數千元購買珍藏的寶貝。

　　從 19 世紀初歐洲已出現的鐵皮玩具，全為人手製作，結構較為簡單，而且上色技術所限，顏色也不夠耀目。其後日本銳意發展工業，製作大量色彩豐富、價錢合理的鐵皮玩具，令鐵皮玩具大行其道。再後期中國內地也擁有自己的生產線，令鐵皮玩具正式成為香港舊時代的主流玩具。

　　鐵皮玩具的主題系列繁多，好像有太空系列、動物系列、交通系列等。好像 6、70 年代，鐵皮玩具就多以登

陸月球為背景，出產了一系列的太空飛船、機械人、火箭等，俘虜了不少小朋友的心。

玩具槍一向是小朋友鍾愛的玩具，鐵皮玩具時代已有鐵皮槍。有些手工精緻的金屬左輪手槍，更可將火石圈裝上彈匣位置，一扣板機便發出火光及聲響，相當逼真。

及後，成本較輕的塑膠製品大量湧現，連玩具也開始步入塑膠和電子時代，令鐵皮玩具最終成為了歷史。

PART IV

老香港的文化

常聽人說「香港精神」、「核心價值」，
其實，你知道這是甚麼？刻苦耐勞、
拼搏進取、靈活適應，就是香港人引
以為傲的特質，這些特質是如何煉成
的？

就讓我們時光倒流 50 年，看看上一代
如何生活，如何在艱苦中奮進。各位，
你今天衣食住行樣樣富足，要多虧有
他們的貢獻啊！

手動拉閘的古董升降機

▲一些舊式大廈仍保留手動拉閘升降機

　　大部份隱身於舊式洋樓的升降機，都是拉閘的模式，大家先打開木門，用手敞開不銹鋼拉閘後進入，木門會隨即自動關上，當大家關好拉閘後，從 lift 門的小窗口，可看到「景物」緩緩地移動，便得知升降機正在上落。

　　本港許多工廠大廈的運貨升降機，仍是採用手動拉閘升降機。但客運升降機的款式和造工，始終比較典雅，令人恍如走進上世紀 5、60 年代花樣年華的時光隧道。

冷暖水供應的公共浴室

▲ 這間不設廁所的公共浴室已有百年歷史

香港有隱世的地下公共廁所，也有不設廁所的公共浴室，全港只拆剩 3 間，建於 1922 年的「西營盤第二街公共浴室」便是本港現存歷史最悠久的一個，目前被評為二級歷史建築。

首先介紹一下「西營盤第二街公共浴室」的內觀，有大約 70 個獨立的沐浴間，每天向大眾提供免費沐浴服務。淋浴隔間的隔板高度只有 145 厘米，若生得較高的男士們女士們，身體多處會暴露人前，好不尷尬。

另外，用家不能自己控制水喉的水溫，因為這浴室並不是全年有熱水供應，時間如下：

· 每年 11 月任何一天上午 7 時錄得攝氏 20 度或以下，浴室便開始供應熱水直至翌年 4 月。

· 在翌年 4 月內任何連續三天上午 7 時錄得攝氏 25 度或以上，浴室便會停止供應熱水。

至於另外兩間公共浴室，一間位於大角咀晏架街，設計較現代化，淋浴間的隔板較高，可保障私隱外；水喉亦設有冷熱水掣，可供用家自行調校水溫。另一間則馬灣漁民新村，規模較小，只有數個淋浴格，而且位置較為偏僻，故使用率偏低。

大家看到這裡，可能會問：人們為甚麼不在自己家裡洗白白，而要到公共浴室淋浴呢？

話說，鼠疫在 1894 年爆發後，接著 30 年間每年鼠疫都「重臨」香港。當時政府認為只要搞好地區衛生，就可以踢走鼠疫，於是，就開始在各區建設不同的公共浴室供人使用，而這些衛生設施集中在當時鼠疫的重災區，即華人居住地，例如西營盤一帶。屹立在西營盤第二街的公共浴室，至今已有近百年歷史。

時至今天，大部份家庭都有沖涼設備，公共浴室是否已無存在價值了？非也！據知，西營盤是一個舊區，不乏一些住在唐樓和劏房的街坊，他們住在劏房，家中並沒有獨立的廁所，故會選擇在公共浴室梳洗；亦有習慣在周末到西環鐘聲泳棚游泳的街坊會到浴室沖洗身體。

被火燒過的嘉頓大廈

▲嘉頓大廈是二級歷史建築物

　　嘉頓，一個陪伴香港人成長的傳統品牌，幾乎每個香港人都一定吃過嘉頓生產的麵包、餅乾及各式甜點。

　　翻查歷史資料，位於深水埗的嘉頓大本營：嘉頓中心，1938 年開始投產，並為港府生產高營養及保存期特長的防空洞餅乾及軍用食糧。

　　二戰時期，香港淪陷，廠房曾被日軍佔用及搶掠。重光後，大樓成為政府物資分發中心，將糧食依政府定下的價格出售，為日後的生意打好基礎。

　　但好景不常，1956 年香港爆發雙十暴動，大樓曾被大肆破壞及縱火。

　　關關難過，關關過！嘉頓中心經歷二戰和暴動的洗禮，仍屹立不到。大樓於 1958 年擴建，並加高至七層成為現狀，並於 2018 年被評為二級歷史建築。

老香港潮語

挑！講呢啲呢

▲以為潮語是現代人的專利？非也！老香港的潮語也一籮籮！

香港有不少俗語反映著舊時年代的文化，從認識俗語的來由，可以窺探出老一輩的真實生活。

【人物篇】

1. 銀雞

「銀雞」一詞用來形容霸道和不講道理的女人。

話說，在南漢時，廣東由劉銀管治。話說，劉銀 (公元 942-980 年) 為人非常霸道，平日喜歡鬥雞，每當鬥贏了，就會封那隻雞做官，行徑相當騎呢！每當雞奴捧著鬥雞在街上走過，路人都要走避，若走避不及，就要下跪相迎，否則會被治重罪。為免遭殃，劉銀的鬥雞一出現，平民百姓都會互相通報，大叫「銀雞到了」，好讓大家及早防範。

經過長時間的時代演變，出自劉銀這個男人的「銀雞」一詞變了性，成了霸道和不講道理的女人的形容詞。

2. 唔使問阿貴

「唔使問阿貴」一詞用來形容真相已經很清楚，不必多問。原來「阿貴」真有其人，他叫李世桂，是清朝光緒年間的人。他最初只是一名駐守廣州五仙門的兵頭，但他膽大妄為，竟然勒索進出城門的商旅，要他們交出銀兩才能放行。李世桂把貪來的金錢巴結上司，以換取升官的機會。後來，他如願以償，升官發財，貪婪的行為越來越猖獗。

不久，兩廣總督岑春萱到任，他大力整肅貪官，李世桂這名臭名遠播的大貪官很快落馬，更被判囚終身。李世桂被治罪，簡直大快人心，「問阿桂」這首歌謠更被唱至街知巷聞，歌詞第一句就是「唔使問阿桂，阿桂如今實在悽慘。」

「唔使問阿桂」更成了流行術語，泛指不必查問，肯定是某人所為。

3. 阿茂整餅

「阿茂整餅」一詞用來形容「無嗰樣整嗰樣，多此一舉」。

原來「阿茂」真有其人，他的真名叫區茂，是昔日廣州市蓮香茶樓的做餅師傅。他手工一流，老婆餅皮蛋酥蓮蓉酥遠近馳名。區茂不以此為傲，還致力推陳出新，了解民眾的口味，創製各款市民大眾愛吃的糕餅。他經常走出舖面了解銷情，哪種糕餅售光，他就加「加碼」做該種糕餅，簡單來說，就是「無嗰樣整嗰樣」。

原本「無嗰樣整嗰樣」是讚揚阿茂盡心盡責，但經過時代演變，卻變成貶義詞，引伸出「畫蛇添足，多此一舉」的意思。

4. 二五仔

「二五仔」一詞用來形容「無義氣、出賣朋友」的人。

清朝年間，朝廷銳意打擊民間的反清勢力，曾大肆殲滅反清復明的秘密組織。後來，清廷查得少林寺與天地會有關係，於是派兵剿滅，並收買少林寺內武功排第七的俗家弟子馬寧兒。馬寧兒為錢果然出賣兄弟，令天地會成員死傷無數，其他會員不恥馬寧兒的行為，便稱那些告密者、出賣兄弟的叛徒為「二五仔」，2+5＝7，此術語明顯在影射武功排第「七」的馬寧兒。

5. 大耳窿

「大耳窿」一詞用來形容放高利貸的人。難道放高利貸的人都有個大耳窿？非也！話說，開埠初期，華洋雜處，貧窮階層通常都是華人，他們每逢周轉不靈之時，就會向放高利貸的人借錢。當時放高利貸的人大多是戴白頭巾的「摩羅差」，「摩羅差」愛戴一隻大如銅元的耳環，所以，耳窿很大，有人索性稱他們是「大耳窿」。

6. 攝灶罅

為甚麼嫁唔出的女人要攝灶罅？話說，舊時開埠初期，一般老香港的廚房都有灶頭，上面放炊具，下面有灶口，以便放入柴草等燃料。一些富有人家的灶頭更大，用

來放柴草的灶口要設在灶頭後面，灶口的廚房牆壁之間有一道狹窄的通道，叫做灶罅。廚子煮飯時，若要加柴，就會呼喚身型嬌小的婢女穿過這狹縫，走入灶口放柴草。這些婢女都是雲英未嫁的女子，慢慢人們就將婢女攝入灶罅這個行為，來形容「嫁唔出、無人要」的剩女。

7. 定過抬油

以前香港有很多油莊，油莊更自設工場，生產生油。榨生油的方法是將炒過的花生放在油槽內，利用木楔逼壓花生，令花生的油脂溢出，從油槽流至出口處，再用木桶盛載花生油。接著，油莊工人要把花生油送到各分銷地點出售。油莊工人一點也不易當，油很矜貴，若抬油時偶一不慎，令油溢到地上，不但會令路人滑倒受傷，浪費了生油更會損失慘重。因此，工人抬油時手腳平穩、步履堅定。後來，人們把「定過抬油」來形容自己胸有成竹，穩陣無走雞之意。

【賭博篇】

自古以來，無論貧富，賭博都是民間的主要娛樂之一。本書之前介紹了不同賭博的玩法，由賭博衍生出來的術語也不少，以下是部份舉例：

1. 坐定粒六

「坐定粒六」意思指滿懷信心，勝算在握。話說，骰子是賭博的主要工具，以前民間有種賭術叫做「擲牛六」，即是兩名玩家各自擲一粒骰子，然後比誰的點數大。點六

最大，如果一方擲到點六，一定唔會輸。「坐定粒六」的古老潮語由此而生。

2. 七個一皮

「七個一皮」意思指時間趕緊，但越急越亂，搞到手忙腳亂，工作一團糟。此話何來？是來自以前很受歡迎的賭術——番攤。番攤的玩法，是莊家先把一堆好像圍棋棋子的攤子用骰盅蓋著，當眾人下注後，莊家會揭開骰盅，然後用竹籤扒攤，以四個一組，稱為「一皮」。扒到最後，若餘數是三，就叫「開三」。買中「三」的賭客就算贏。但莊家有時為了趕收工，不依慣例以四個為一組，而是以七個攤子為一組，這就叫「七個一皮」。

3. 收皮

「收皮」意思指快快收工，咪阻住地球轉。之前提及，以前興玩「番攤」，番攤的玩法是把攤子以 4 個 1 組來扒，當所攤子分好組後，就叫「收皮」，後來此術語引伸出「結束，收工」的意思。

4. 揭盅

「揭盅」意思指真相大白。此老餅術語也是來自賭術——番攤。莊家會用骰盅把所有攤子蓋著，當眾人下好注後，莊家就會揭盅，用竹籤扒攤子，賭客很快就會知道自己下的注碼是贏是輸。後來，此術語引伸出「結果公布，真相大白」的意思。

【物件篇】

1. 紮炮

很多人說，只要肯做工，香港餓不死人的。但戰後的香港，百物蕭條，貧苦百姓無論怎努力都好，餓死街頭都不計其數。即使餓不死，也要紮炮過日子。「紮炮」用來形容無錢開飯，餓著肚皮過活。

「紮炮」此話何來？事緣香港早年仍有許多炮仗廠，炮仗的製作過程是用紙捲成一個炮仗空殼，然後把一個個炮仗空殼排好，排列成六個形，再用繩圍著六邊形紮成一餅，這個工序稱為「紮炮」。接著，工人就會逐一在炮仗空殼注入火藥，然後密封，炮仗就大功告成了。

由於「紮炮」時炮仗殼內仍是空空如也，因此，後來人們將「紮炮」一詞用來形容人無錢開飯，餓著肚子過活。

2. 鱔稿

商業機構模仿記者的口吻，向新聞機構提供稿件，介紹其產品、服務或其他業務。這一類的「新聞稿」，即是俗語所說的「鱔稿」。這一類稿件帶有宣傳意味，不過這類宣傳較易被讀者受落，比起正式的廣告更「入屋」。

「鱔稿」跟「鱔」有甚麼關係？

話說，鱔稿的由來是中環威靈頓街南園酒家開始。一位陳姓商人每年入秋後，均宴請各報的編輯，主菜是生劏大鱔，大家飽吃一頓後，酒家便順勢現場派發宣傳單張，推介時令食材，特別是生劏大鱔等。本來酒家要宣傳，可

以在報紙上登廣告，但有人認為花錢在報社員工身上更實際，編輯們受了餐廳老闆的恩惠，也勉為其難，在報紙一角撰寫數十字替人宣傳算是報答，後來鱔稿風盛，大量版面淪為鱔稿地盤，導致真金白銀的廣告大減，報社老闆下令禁登「鱔稿」，「鱔稿」一詞就流傳至今。

3. 電燈杉掛老鼠箱

「電燈杉掛老鼠箱」一詞，用來形容兩個人身高懸殊。此話的出處與 1894 年香港的一場鼠疫有關。

當時的衛生部門發現鼠疫是由老鼠身上的虱子傳到人身上，繼而將病菌再傳給市民。如果市民將死老鼠放進垃圾堆內，老鼠身上的虱子能輕易跳到人的身體，也會把病菌傳給人。因此，衛生部門呼籲市民合力協助將死老鼠放進密封的鐵箱之內，以抑止病菌蔓延的情況。

但進密封的鐵箱放在哪裡好呢？衛生部門就想出，把密封的老鼠箱掛在每條街道的燈柱上，市民一旦發現死老鼠就可以將牠們放進箱內，香港初期街燈的燈柱是用木杉來造的，故稱之為「電燈杉」了。

由於電燈杉極高，而老鼠箱又很矮細，掛在一起，就成了強烈的對比，自 1894 年以後，人們便用「電燈杉掛老鼠箱」來形容那些高矮不相配的情侶。

鼠疫已經絕跡香港，但是這句術語一直流行至今。

4. 踎墩

香港早期，貧窮者眾，他們惟有靠勞力賺錢。當時貨運業發達，需要大量人手擔抬貨物。每天清晨有很多失業的男性會聚在中上環一帶的碼頭，等候僱主聘請做苦力。他們等得久了，就會索性蹲下來休息，俗稱「踎」；墩頭是用來縛船纜的矮柱，他們踎在位置較地面高的墩頭上。休息之餘，又容易給工頭看見，一舉兩得。後來，「踎墩」一詞就用來形容失業，無工開的意思。

5. 炒魷魚

人人都知「炒魷魚」即是被解僱，但「炒魷魚」此話何來？

話說，早期的香港，僱主會為員工包食包住，打工仔可以自備被鋪，晚上，在僱主店舖裡攤出被鋪就可以睡覺。如果員工被解僱，他就要捲起被鋪離開。魷魚受熱會捲起來，而被解僱的員工捲起被鋪這個動作就好像炒熟的魷魚一樣，人們就用「炒魷魚」來暗喻被辭退。

6. 拉布

近年，立法會議員不想某法案通過，就會千方百計拉布來拖延時間。

原來，「拉布」源自足球，在足球賽中，其中一方領先，為保不失，就會在中場把球傳來傳去，以拖延時間，直至比賽時間結束。他們這種傳波行為就好像紗廠工人一樣，為了讓染好的布快點曬乾，工人就會合力把布拉直，

在陽光猛烈的露天下拉來拉去，直至拉乾為止，過程非常費力，直把工人的體力都拉乾消耗。

後來，人們把拖延時間的行為叫做「拉布」。

7. 燉冬菇

「燉冬菇」一詞，源於警察。香港早期的警帽是沿用中國清朝的軍帽，它的形狀是上窄下闊，有如一枚未開得透的冬菇，帽是用竹片編織而成，俗稱「竹析帽」，由於這帽子形如冬菇，故才有「燉冬菇」一詞。

當一位警員表現良好，工作態度認真時，上級會派他擔任便衣警探。便衣警探是不必穿制服的警員，他可以穿任何服裝去執行職務，既然不穿制服，自然就不必戴上那頂冬菇形的警帽。但是，當這位便衣警探犯了規條，上級認為他不適宜擔任便衣警探，命令他穿回制服，他就要重新戴上這頂冬菇形的警帽，故此這位警員便被稱作「燉冬菇」。這話後來擴散到其他行業去，凡被降級或被解僱的人，都一律被稱為「燉冬菇」。

8. 食過夜粥

香港早期，平民百姓閒來無事喜愛學功夫，一來打發時間，二來保護自己。

話說當年武館通常在晚上教功夫，一眾徒弟學完功夫後都會非常肚餓，師母這時就會端出一大煲粥和炒麵，待徒弟們練習完畢後可以飽餐一頓。換言之，學過功夫的人都食過夜粥，漸漸地，「食過夜粥」就用來形容人學過功夫，打得幾下的意思。

水上人家（一）

▲筲箕灣是水上人家的聚居地

　　漁業是 19 世紀初香港主要的經濟基礎之一。據統計，香港開埠初期人口約 5650 人，其中漁民就有 2000 人之多。漁民沒錢買房子或租屋，惟有在沿岸地帶停泊「住家艇」或搭建棚屋居住，出海捕魚歸來後，就會走進「住家艇」休息，久而久之，他們就有「水上人」的稱呼。

　　不少水上人居於香港仔、銅鑼灣、柴灣及筲箕灣一帶，其餘分佈在油麻地、大澳及其他島嶼如長洲、南丫島、蒲台島及坪洲等地方。

　　「住家艇」就是水上人居住的屋，是一艘如非必要也不會開動的艇。「住家艇」一般為平底木船，長度由 10 米至 50 米不等。早期的「住家艇」沒有水和電的供應，照明要用「火水燈」，煮食就用「柴」作燃料或用「火水爐」，水則要向「水艇」購買。

　　「住家艇」的艇戶有貧、富之分。較為富裕的艇戶把

「住家艇」泊在岸邊，他們會買一台發電機來發電，或者從電燈公司申請一個電箱，從岸上邊拉一條很長很長的大電線接駁到「住家艇」供電；又會從岸上的石油氣舖買罐裝石油氣來代替柴作煮食。

一般漁船均設有睡床，床身可謂「度身訂造」，不會過寬或過長。因為大海的浪大得把船拋上拋下，如果床位不合身會導致人前後左右跌盪受傷。

水上人怎樣吃飯？船上沒有空間擺放傢俱，因此他們是坐在地板上吃飯的。每逢過時過節，一行十幾人就齊齊坐在地板上吃「大鑊飯」，好不熱鬧！

漁船的船尾都會微微向上彎，用木板隔一個小間，間內有一個洞，就這樣蹲下來如廁，大小二便直落大海，不會積存，所以船內沒有異味。

不過，水上人起居飲食、大小二便都在艇上進行，加上避風塘裡的水流緩慢，所以艇四周都圍繞著污水和垃圾，充斥著腥臭味，又不時更有小孩墮海遇溺喪生。後來，岸邊一帶有大量徙置區、廉租屋及公共屋邨落成，讓水上居民遷移到陸上居住。加上，本港人口不斷激增，大型的填海工程始起彼落，棚屋被拆毀、「住家艇」被搬遷，沿岸地區建了高樓大廈，水上人的生存空間越來越少。直到70年中期工商業不斷發展，水上人的年青一代都上岸去打工，漁民日漸減少，漁業步入式微。

水上人家（二）

▲水上人以海為家，船為宅，坐在船頭吃飯是家常事。

　　早年的香港，漁業興旺，大多數漁民都居於海上。後來，香港仔、筲箕灣、西貢、長洲及大澳等漁港，既有避風塘停泊漁船，也有魚市場和天光墟買賣漁獲，此外，又有各式艇類在岸邊做炒小菜的生意，熱鬧非常，成就了典型的漁民社區。

　　平日，男人出海捕魚，剩下老弱婦孺，她們就會划著各類的艇做點小生意。當時，在水上人聚居的一帶，不時會有「粥艇」、「生果艇」、「雜貨艇」、「花艇」及「叉燒粉艇」等各式各樣的艇類出現。

　　「粥艇」及「生果艇」，顧名思義，就是賣粥及生果的；而「雜貨艇」是賣日用品的，如廁紙、餅乾及汽水；「花艇」卻不是賣花，而是「水上青樓」，艇家會用一塊黑布罩著艇身，所以「花艇」是很容易辨認的；「叉燒粉艇」除了賣叉燒粉外，也賣燒雞粉、燒鵝粉及以新鮮鮫魚

製成的手打魚蛋及魚片粉，湯是用「地寶魚」(即大地魚)或「梳籮魚」等魚熬製而成，這些魚毛雖曾被「街上人」認為是「下欄魚」，卻是水上人的佳餚。以前的「叉燒粉艇」只會在晚上出現，為市民提供了最好的「宵夜」。

隨著香港工商業經濟的發展，社會由漁村轉為轉口港，由傳統的漁農業主導轉成商業掛帥，本地的漁農業日漸萎縮。漁民社區已經消失，代之而起是由填海而成的高樓大廈。

水上人家（三）

▲筲箕灣的水上人住在住家艇裡，大澳的水上人則住在棚屋裡。

水上人說的基本上都是廣東話，但當中會夾雜很多獨特的、「街上人」聽不明白的用語，是一個沒有被記載的特別的語言，俗稱「水佬話」。

漁民一般不懂得寫字，因此，講水佬話的人，就被標籤為無知識的貧民，被受歧視。大家千萬別看輕「水佬話」，當中大有學問的。

以「大撈便」和「小撈便」為例，大家別以為在講大小二便。如果要在船上分左右，水上人不會說「左邊」和「右邊」，如果船主大喊「左邊」，但剛巧船尾的人背向站著，船主的左邊就變成了船尾的人的右邊。

以免混淆視聽，他們會以船頭為準，稱「大撈便」為「左邊」，「小撈便」為「右邊」。水上人雖然讀書少，但言語中反映出的方向感，不是一種大學問嗎？

以下是其中一些水佬話的例子及其意思：

香港趣聞掌故・老香港昔日生活篇

水佬話	意思
呔魚	釣魚（用漁杆釣）
下魚	釣魚（用漁網釣）
攞魚	捕魚
開新	出海捕魚
揸呔	掌舵
起錨	出發
扯波	打風
打石湖	行雷
落大喜	下大雨
好晴	好天晴／風平浪靜
水乾	潮退
水大	潮脹
嚟尾風	風求除下後立即前往捕魚
上水	購買食水
埋街／上街	到陸上去
放樂	不出海的人
一門錠	一個船錨
格勒頭	船邊上落的地方
卜面	甲板
灶倉	廚房
尾晒	滿
泥劑	數量少
一流	一次（描述「開新」的次數）
撈便	「大撈便」是左邊；「細撈便」是右邊。
攞晒汪	俗稱「玩創晒個心」

儲錢神器:紅色豬仔錢罌

▲紅色膠豬仔錢罌沒有開口位,要放錢,首先要「劏豬」,即是用火熱熔入銀口。

現在說起儲錢,通常都會想起去銀行做定期,或是買儲蓄基金。

但 7、80 年代香港人,絕對會記得紅色膠豬仔錢罌,這個錢罌在當時是儲蓄的象徵!

紅膠豬仔錢罌剛買回家時,整隻豬仔是完全密封,入錢位也是封上的,要親自為豬仔開口,除咗用刀之外,亦可以用打火機燒熱五蚊銀,「趁熱」熱熔豬仔的入銀口。

紅膠豬仔錢罌在當年大受歡迎,幾乎每一戶人家都有一隻,在中國人的觀念中,肥豬是「富貴」的象徵,而紅色則代表了「吉祥」,所以紅色膠肥豬作為錢罌的這個配搭,絕對是中國人經過精心設計的!

只要錢罌一滿,大家就可以開始「劏豬」了!

兒時常穿的白飯魚

▲香港 70、80 年代尚未富裕，俗稱「白飯魚」的白布鞋成為學生哥及基層工人的「恩物」，時移世易，白鞋廠面臨需求減少而停產。

未穿過白飯魚的「千禧後」（指 2000 年或之後出世的人），乍聽「白飯魚」這個名詞自然會想起是魚。

「白飯魚」其實是一種廉價帆布鞋的俗稱，有着白色的帆布鞋身和單薄的橡膠鞋底（一般為綠色或黑色），一般的售價只需數十蚊港元，故此在早年曾成為不少中小學生上體育課常用的運動鞋。

此外，由於「白飯魚」的價錢十分便宜，亦是低下階層、晨運客、地盤和裝修工人常穿的便鞋。

但為甚麼這一對鞋會稱之為「白飯魚」？本來人們是稱為白鞋的，之所以有白飯魚這個花名，是因為「鞋」與「唉」諧音，中國人傳統上對「唉」這個發音有忌諱，不喜歡事事都「唉唉」聲，這對鞋子還叫白鞋——「白白咁唉」，就覺得更不吉利！

　　有些人覺得白鞋全身白色，看上去就像是兩條大大的白飯魚，於是便開始給它一個別稱——「白飯魚」，避免再使用白鞋 (『白唉』) 這兩字了。

　　久而久之，大家都習慣了叫白鞋做「白飯魚」了，反而它的原名白鞋就較少人說。

　　因為「白飯魚」的結構單薄，不能對雙腳提供足夠的保護，運動時容易受傷，所以現時已經越來越少人穿着它來進行運動，而「千禧後」長大的年青一輩甚至連「白飯魚」都未見過呢！

香港「工廠妹」

▲女性為香港早期的工廠提供大量勞動力

70 年代時，香港大量女性開始投入勞動人口中，因此「工廠妹」成為當時的流行用語。

第二次世界大戰結束後人口銳增，每家庭平均有 5 至 6 個孩童，以致家庭負擔十分大，而當時普通人仍然有重男輕女的觀念，結果，家中的女童因要到工廠工作而輟學。

1950 年至 1980 年是香港製造業發展十分蓬勃的時期，更是香港經濟的主要支柱。其中以輕工業為主，包括早期的塑膠花、紡織以至後期的電子產品、玩具、鐘錶等，都需要大量人手來製造，為女性提供大量的就業機會，幾乎大部份低下階層的女童都曾經在工廠工作過，而「工廠妹」這一詞才逐漸流行起來。

搭電車「慢」遊港島

▲大家不妨坐坐電車，「慢」遊香港島一天。

　　香港節奏急速，甚麼都講求「快靚正」；惟獨電車，仍保持着那緩緩的車速，穿越大街小巷，記錄着我們的成長。過去 110 年，電車由單層到雙層，由帆布、木質上蓋到全密封式上蓋的演變都經歷了不少變化，然而那兩道黑色電車軌，駛過時發出叮叮之聲，都依舊是老樣子。

　　1841 年，香港開埠，香港島北部發展迅速。到 1881 年，香港人口已增長至 60,400 人，可是當時只有馬車、人力車和轎子等簡陋的交通工具，根本無法應付需求，急需引進大型運輸系統。香港電車終於在 1904 年 7 月 30 日正式誕生。

　　當時每輛電車都設有售票員賣票，售票員身穿白色制服及頭戴白帽子，電車的樓上樓下各一名。乘客雖然依例要自備零錢購票，但售票員仍會準備輔幣供找贖用。車票打孔是為表示車票已收費，以防售票員檢拾被棄的舊票再轉賣給乘客而中飽車費。早期的電車更設有歐籍白人稽查人員上車驗票，以防止瞞票。

1977 年起，電車公司廢除車票和票員賣票制度，改為在車內設置錢箱，由乘客自行投入輔幣。直到現時，電車上仍然保留錢箱，又增設了八達通機，市民無論投幣抑或「嘟」八達通都可以。

為甚麼九龍無電車？

電車路線分佈在香港島北部沿海地帶，東起筲箕灣，西至堅尼地城，並有一條支線通往跑馬地。點解九龍無電車？原來，當年電車公司曾一度規劃設計中是有覆蓋九龍半島的，但最後因九龍半島的街道太窄而擱置。

電車公司一直無放棄衝出港島的決定，並在 2013 年向政府推介，在啟德建電車系統，工程費估計只需 2 億 8 千萬元，因新型電車可透過地底電纜供電，毋須裝架空電纜，可避免視覺污染，而電車每程收費僅 3 元便可收支平衡。

此外，電車亦擬進軍新界，冀日後洪水橋及新界東北新發展區可引入電車。

電車抵坐至極！

1904 電車分頭等和三等，當年頭等座位收 1 角，到了 1946 年增至 2 角。1972 年等級制度取消後，所有票價劃一為 2 毫，直至 1975 年加至 3 毫。到了今天，電車收費也不過是 3 元，非常抵坐！

▲舊時的電車車票，左 1 是頭等票，中間是三等票，車票另一面還有廣告，物盡其用。

時代變！電話也在變！

▲當年，能擁有一部手提電話，絕對是身份的象徵。

水壺咁大的「大哥大」

現在我們使用手提電話機款式新穎、尺寸小巧，而且幾乎每人都有一部隨身，但原來在 80 年代，當時的手提電話體積竟然龐大如水壺一樣，即我們俗稱的「大哥大」！而且，價錢昂貴，只有極少數人負擔得起。

萬三蚊一部手機

80 年代最有型的「潮物」是什麼？當然是「大哥大」水壺電話。在 80 年代時，美國摩托羅拉公司研製出這款手提電話並逐漸在香港發售，當時這款手提電話尚未普及，而且價格更十分昂貴，一部「大哥大」在當年價值 HK$13,000，只有極少部份經濟實力較佳的人才買得起。

但為甚麼這款手提電話會被稱之為「大哥大」？有傳聞指這個稱號的由來是因為武打明星洪金寶。洪金寶是

當時電影業界第一位使用無線電話的人，而他在業界素有「大哥大」之稱，故當時的無線電話就便被稱為「大哥大」了！

「大哥大」在香港橫行了約10年，直到2000年開始，手提電話大幅降價，還越出越輕巧，時至今日，輕巧的智能電話已成為現代人日常不可或缺的電子用品之一。

家用電話時代的結束

根據統計，本港平均每人擁有2部手機，很多家庭甚至沒有家用電話，用手機取代。

回顧舊日的香港，手撥電話相信是不少人的兒時回憶，一插電話線即可用。

▲舊式手撥電話彈弓般的電話線，其伸縮設計便於收藏。

家家必備的暖水壺

▲「駱駝牌」暖水壺

現在一入冬，我們例必會使用電熱水壺，按一下掣就能夠享用熱水。

在 80 年代以前，幾乎家家都備有「駱駝牌」暖水壺，冒着寒冬回到家後立即從水壺中倒出一杯溫熱的水，是當時家庭的恩物。

「駱駝牌」暖水壺本港製造，真空水銀內膽，可保溫達兩天，熱水倒出來仍然滾燙。注意新壺或冷凍後切忌立即撞入滾水，應用暖水替內膽熱身，再注入滾水，保溫能力才得以完全發揮。 在當時物質匱乏的時代，「駱駝牌」暖水壺因為其方便耐用、價廉物美而走進每一個家庭。

「駱駝牌」暖水壺除行銷本地外，更出口至東南亞、歐美各地。駱駝商標，形象鮮明；出產品質優良和耐用，信譽昭著，差不多是每個香港家庭必備之物，確是香港家品經典中的經典。

香港的「荷蘭水」

▲無論甚麼年代，各式汽水都同樣深受歡迎。

乍聽「荷蘭水」，我們一般都會以為是香水的品牌，但原來「荷蘭水」其實是我們現在經常會飲用的汽水！

但為甚麼汽水會被稱之為「荷蘭水」呢？

汽水之所以稱之為「荷蘭水」，是因為在清末期間由荷蘭傳入中國的，所以便被稱為「荷蘭水」。而早在 100 多年前，「荷蘭水」已在香港出現。但對於當時的市民來說，「荷蘭水」是一種十分奢侈的物品，因為價錢十分昂貴，所以並不普及。 直到第二次世界大戰後，因為太平盛世，人民生活安定，開始追求物質享受，而不同的汽水牌子也陸續出現，以致汽水的價錢越來越便宜，亦在市民的消費能力之內。

70 年代後，汽水的包裝越來越多，不止有玻璃瓶裝，更有罐裝出售，時至今日，汽水幾乎已成為我們的常用飲料之一。

樓下閂水喉

▲在制水的苦困年代，孩子生活雖貧亦樂。

60年代香港制水，是不少港人的集體回憶。

每4日供水半小時的歷史，令老一輩的香港人沒齒難忘。

「樓下閂水喉」究竟是甚麼？相信年輕一輩聽完都一頭霧水，樓下有交水費，是否閂水喉又關樓上的甚麼事呢？　這是因為現在的年輕一輩從未經歷過6、80年代制水的苦日子。

香港淡水資源缺乏，歷史上多次發生水荒。在1895年時，香港已經開始實施「制水」(「制水」又名「食水管制」、「有限制供水」)。而在60年代時香港出現了最

嚴重的水荒，全港水塘存水僅夠 43 天食用，因此政府便採取「制水」的政策，規定每天供水 4 小時，其後更改為每 4 天供水一次，每次 4 小時。

一家出動輪街喉

政府亦開放街喉或派食水車到缺水地區，「放水、輪水、載水、儲水」成民生一景。

此外，由於當年香港樓宇多為 3 或 4 層建築物，5 樓 6 樓還少有，所以那時候住屋的食水系統，全部由下而上，亦即水壓由樓下向上「谷」，遇上制水時期，短短幾小時的供水時間，人人同時用水儲水，水壓不足，住在樓上的人，常常得不到食水供應，即或有亦只是細流一線，那時候，就會向樓下的住客大聲求救，於是乃有「樓下閂水喉」這一呼號。

1963 年 12 月，總理周恩來下令開展東江——深圳供水工程，並每年向香港輸出最多 11 億立方米的東江水，以確保香港水源充足。時至今日，香港 8 成的淡水供應均來自東江，只有少部份依靠以天然集水方式所收集的雨水。在穩健完善的供水系統下，市民亦毋須再受制水之苦。

PART V

冷知識特輯

香港估你唔到系列

你以為自己十分熟悉香港？但原來我們日常常見的事物，你都一問三不知！

本特輯作者捐窿捐罅，圖文並茂搜刮本港所有奇特的香港的事物，單看外表，你肯定估佢唔到！

每個爆趣個案都有個難估度，1 粒星為最易、10 粒星為最難，想知道自己到底有幾熟悉香港的事物？快快睇埋落去啦！

天台太空艙

難估度：*****

這裡是屯門某屋上的天台，如圖中所見，天台上有個渾圓的白色球體，球的表面還鑲著不少螺絲，難道是中國太空人環遊太空後，太空艙秘密降落到屯門？

大家都見這個「太空艙」有窗有門，就知道不是真的太空艙了。其實這是屋主在天台上的另一間小屋，是他們一次去韓國旅行時發現，覺得挺有趣，所以買回香港。

這座「太空艙」小屋，重544.3公斤，樓底12呎，直徑有20呎，裡面的實用面實更有314平方呎。別以為放在天台，夏天必定熱過蒸籠，皆因這座「太空艙」由21塊不傳熱的玻璃纖維組成，圓拱形設計更有助散熱，窗也可以對流通風，絕對不用擔心夏天在裡面會變乾蒸燒賣。

井中有井？

難估度：*****

　　這裡是灣仔的日本餐廳，餐廳內廁所旁的天井下，奇奇怪怪起了一個井，豈不是井中有井？究竟為甚麼會在這裡起一個這麼古樸的井呢？難道這口井，是以前有個名人在這裡投井自盡，為了記念他，才保留至今？

　　據店主所講，這座大廈本來是唐樓改成，已超過 60 多年歷史，這口井其實本來就有，後來他們在這裡開餐廳時，不但保留了這口古井，還在上層加上木架做裝飾，這個井中井，果然別有一番風味。

荒野中的古怪石陣

難估度：*******

　　圖中的石陣，有個環形深坑，中間有個正方石柱，而柱旁有一塊扁扁的圓石，究竟是何方神聖？難道是外星文明建造出來的石陣？抑或只是一個廢棄的噴水池呢？

　　其實這是碾磨作坊遺蹟，位於大埔的上碗窰村。古時候碾磨作坊的用途就是把瓷土碾成粉末，碾磨作坊用 14 塊花崗岩切成溝糟，整個環形直徑 3.93 米，正方柱旁的石餅叫石磙，主要利用畜力推動。大埔的上碗窰村在 1368 年的明朝，已有兩家製作青花瓷，分別是文氏及謝氏兩家，圖中的碾磨就是製作坊的遺蹟。

　　後來社會轉型，碗窰業向上北移，雖然內地當時都有製作的陶瓷，而且價錢便宜，但由於交通不便，增加銷往外國的青花瓷成本，於是香港人在內地引進白瓷胚，即是陶瓷未上色的半製成品，然後再在廣州一帶請畫師來港加工，令香港的廣彩工業名震海外。後來內地的青花瓷產量漸漸龐大，令香港的青花瓷業亦漸漸式微。現在大家可以到大埔上碗窰村的碗窰展覽館，參觀這個遺蹟和展覽品。

銅鑼灣的機械鐵香

難估度：***

　　正如大家所見，圖中有一個像煮食爐一樣的基座，基座上有三支像拜仙人時燒的鐵香，究竟有甚麼用途呢？難道是自動燒香爐，用來方便一班不肖子孫燒香給先人？

　　這東西當然不是燒香用，而是用來製作熱狗，那三支香形的物體，其實是用來在熱狗末端刺出一個洞，然後在洞中放入其他配料和醬汁，食客在進食熱狗時，醬汁就不會擠出來，弄污嘴巴。別以為這三支鐵香的設計，是某位奇人想出來的最新點子，據老闆說其實 80 年代已經有了。

香港有時光隧道？

難估度：**

究竟圖中的是甚麼呢？通風口？難道是時光隧道？

其實這是香港「雙塔型屋邨」中的天井式設計。大家在走廊處，可以從走廊的窗戶看到單位內的情況，如果居民不另加窗簾可說沒有任何私隱可言。

另外，它的天井設計令單位內光線不足，亦有礙空氣流通。即使有這些缺點，這種公屋一直沿用至今，如何文田愛民邨、沙田禾輋邨、大埔廣福邨等，但現在新起的屋邨已不再採用這種設計，所以這種天井式屋邨將買少見少。

巴士上的洗衣機

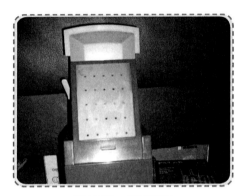

難估度：*****

圖中的箱四四方方，頂部有個洞，左邊還有一枝棍仔，難道是洗衣機？

當然不是洗衣機，而是 70 年代開始使用的巴士收費用的錢箱，用來收集巴士乘客的車費，上面的洞口，是入錢幣的地方，只要司機拉下左面的棍仔，在上層的錢幣便會掉到下層的儲幣間。

現在雖然仍有巴士設有車資收集箱，但外觀設計都跟以前大同小異。可是現在的人不太喜歡帶硬幣，所以車資收集箱逐漸被八達通機取代。有未見過巴士錢箱的的外傭，甚至會把八達通掉進去，所以大家要提醒家傭小心了。

估你唔到咁大鑊

難估度：**

　　圖中有個大鑊，鑊的右邊有兩枝金屬棒，呈十字形擺放，鑊的內側還有一些刻度，究竟這個鑊有甚麼用呢？斷估不是阿媽用來炒菜的大鑊吧？還是下雨時用來盛載雨水？

　　其實這個大鑊是個天文儀器，叫仰儀，由元朝天文學家郭守敬發明，用來測量天體球面的座標，以及觀看日食。這個天文儀器位於西貢北潭涌的天文公園，康文署為了推廣觀星及天體知識，所以設立天文公園，園內陳列了大大小小，千奇百趣的天文儀器，有興趣觀星的朋友可以到這裡，皆因這裡高樓大廈不多，視線不會受阻擋，是觀星的絕佳位置。

古時廁塔現街邊

難估度：＊＊＊＊＊＊＊＊＊

　　圖中放在荒野的兩個筒狀物體，究竟是甚麼呢？難道是古時的廁塔？還是裝死人骸骨的金塔？

　　其實這是古時用的糖絞，是用來製糖的工具，現在位於蠔涌大腦梅子林，是全港保留最完整的石糖絞。據專家指，石絞的中軸是木製，可用人力和畜力推動，四周曾經放置蔗和推絞，而且這兩個石絞應離地較高，以便接收蔗汁，但現在滿是泥土和樹葉，已跟原貌相差很遠。

原來別有洞天

難估度：*****

　　圖中所見的是沙田一間客家大宅門前，不過大家有沒有留意到，大門的右下角有一個洞呢？究竟這個洞有甚麼用呢？難道是用來拜神？

　　其實這個洞不是用來拜神用，而是用來給自家養的寵物貓狗用的，即是貓狗的專用出入口，可見客家人對家養貓狗有多麼重視。

　　圖中的大宅叫曾大屋，位於沙田博康邨南端旁邊，由來自江西客家人曾貫萬於清代所建。

　　之所以叫曾大屋，是因為二次大戰時，這裡是難民收容所，才得此尊稱。它之所以能在戰時收容難民，全因為本身已築有防禦設施，如吊橋、碉堡、瞭望台、護城河、槍眼（即槍孔）等，根本就是軍事要塞，別說以前海盜，連當時的日軍也忌之三分。

殺人刑具

難估度：＊＊＊＊

圖中所見是一部木製的機器，外形像一隻蝸牛，頂部有一個四方形的漏斗，下方兩個出口位，驟眼一看，就像一部攪拌機，難道是古時的殺人刑具，用來攪碎人肉？

當然沒有碎人肉那麼恐怖，各位所見的，其真是打穀機。由於稻米有三層外殼，第一層是穀殼，最堅硬而且不宜食用。第二層是糠層。第三層是胚乳，即我們所吃的白米。

要打出白米，便要用圖中的打穀機，把外殼打脫，分離器把穀殼和白米分開，下面的兩個出口，分別是出穀殼（即穀糠），以及出白米。

以前香港還有很多人種植稻米時，就是用這種打穀機加工出白米，這種木製打穀機現陳列於柴灣羅屋民俗館。現在香港雖然種植稻米的人很少，但還有農夫用打穀機來打米，只是改用了電力推動。

逆時鐘樓

難估度：******

　　圖中是個調景嶺建明邨一個鐘樓，但奇就奇在這個鐘樓的時針，會間歇性順時針跳一跳，不久又逆時針跳一跳，究竟是甚麼原因呢？難道這個鐘的設計師，將逆向思維的概念融入這個鐘樓上？

　　其實這個鐘樓有四面，這是其中一面，雖然外形像一個鐘，但其實是集風向儀和溫度計於一身，另外鐘樓有兩面同樣是時鐘，餘下一面是個濕度計，可說是多功能鐘樓。但這個鐘樓原來是 7 年前，由房委會贈送給建明邨的居民，但是送鐘送鐘（送終送終），未免太不吉利吧？

大型玩具車

難估度：*******

　　嘩！誰在駕駛這麼大的玩具車到處走？難道有超齡兒童無牌駕駛？

　　哦，原來是迷你消防車，但怎麼我們平時不常見呢？這款消防車主要用在香港各個離島，如坪洲、南丫島等。因為離島各街道比市區狹窄，所以它們外形設計迷你，方便穿街入巷，而且離島房屋只有數層樓高，不像市區樓那麼高，所以不用穿雲長梯。下次在離島看見這玩意，小心別讓小朋友爬上去當踫踫車來玩！

飲水飲坑渠水

難估度：****

　　邊個無緣無故挖個坑出來害人啊？吓？坑裡面的水是用來飲用的？不是吧？整個坑都佈滿青苔，飲落肚會不會痛肚的啊？

　　這個類似坑渠一樣的坑，其實就是我們常常睇古裝劇見到的井了！

　　「但是古裝劇的井美觀很多，而且也十分乾淨！點似得這個井一樣咁污糟？」

　　你說得無錯，因為那些井是古裝劇裡的井，當然美觀！而我們見到這口井，卻是 200 多年前已經存在，經過時代變遷，現在已經變成一口文物井了！

　　這個文物井現在位於元朗，據鄧氏族人了解，這口井出現得比上璋圍立村時還要早，曾經一度成為坑頭和上璋圍兩村的食水主要來源，可說孕育了元朗鄧氏一族，更成為歷史的見證！

#香港趣聞掌故‧老香港昔日生活篇

肥人最愁升降機

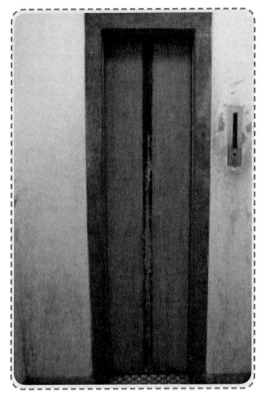

難估度：*****

你知道香港最窄的升降機門在哪裡嗎？在你返工的工業大廈？在你居住的住宅大廈？或是你以為這張是改圖？

其實這是香港最窄的升降機門，位於油麻地住宅的百達大廈，大廈升降機門的門闊只有 50cm，僅夠一個中等身材人士進入，而升降機內也僅可站立兩人！

皇帝真跡現街頭

難估度：**

　　圖中柱上所寫的字，是出自何人手筆？不良少年？寫的字如此龍飛鳳舞，莫非出自宋朝末代皇帝，逃難來港的宋帝昺？

　　皇帝也不是全錯，但不是南宋皇帝，而是九龍皇帝曾灶財！曾灶財是街頭塗鴉者，而且喜歡用毛筆書寫，內容主要講述他自己以及家族往事。由於他的墨跡主要寫在九龍，所以有「九龍皇帝」之稱。

　　最鼎盛時期，曾灶財的墨跡版圖遍及九龍各區，如觀塘、尖沙咀天星碼頭、坪石邨、翠屏邨等，以至香港島的中環和西環等。

　　可惜他在 2007 年「駕崩」了，剩下來的手跡也相繼被食環署職員洗掉，現在只剩下坪石邨三山國王廟旁的燈柱位置，以及尖沙咀天星碼頭等地方。

香港趣聞掌故・老香港昔日生活篇

佛寺藏屍

難估度：******

　　圖中的佛像成身金黃色，被收藏在沙田萬佛寺內，還要用玻璃保護著，究竟是甚麼佛呢？裝扮成個唐三藏般的樣子，難道就是去取西經，但不小心迷路來到香港的唐僧？

　　雖然他的外表裝扮很像唐三藏，但筆者可以肯定地說他不是唐三藏，而是沙田萬佛寺的始創人——月溪大法師，大家眼前所見的就是他的真身，甚麼？真身？報警啊！有佛寺藏屍啊！

　　各位先別大驚小怪，其實月溪大法師真身之所以陳列於此，皆因他在 1965 年某天，突然感覺到自己元壽將盡，於是臨終前吩咐弟子，在他死後將其肉身密封於木箱內，8 個月後再取出，結果法師肉身果然沒有腐化，於是弟子在他身上塗上金漆，擺放在沙田萬佛寺的萬佛殿中央，讓善信供奉。

　　據說這麼多年也沒有腐化，真的聞所未聞，難道真的有佛光護身？

古代奇床

難估度：*****

　　圖中架著一支長長的樹枝狀物體，是香港某廟內供奉的「聖物」，但究竟是拜甚麼呢？樹枝？象牙？還是古代某奇人睡過的床呢？

　　這其實是長洲天后廟內的鯨魚骨！有近 10 呎長，而且已經供奉多年。因為鯨魚喜歡群居，又會互相照應，為免初生小鯨魚溺斃，母鯨和其他鯨魚會合力將其抬出水面。如果有同伴受傷，擱淺遇險，一定不會棄之不顧，會留在身邊照顧和陪伴牠，甚至造成了群體擱淺死亡！

　　就是因為這種高尚的情操，漁民覺得鯨魚是有靈性的生物，是天后或龍王的使者，所以將所捕獲的鯨魚殘骸供奉為「龍骨」，並希望仗著這些「龍骨」的法力而得到保佑。

　　現在香港部份離島的天后廟和海神廟，都仍有供奉這些「龍骨」，如長洲的北帝廟和關公廟等。

另類自修室

難估度：*******

　　圖中的學生在溫書，但她們背後放滿神像和拜神用的品，究竟這裡是甚麼地方呢？

　　這裡其實是尖沙咀海防道的福德廟，已有百年歷史，是尖沙咀唯一一間古廟，廟內主要供奉土地公公。而這些學生之所以在廟內溫書，因為據說在這裡溫書，成績會好一點。另一個原因是在數十年前，古廟對面在有一間自修室，因為常常滿坐，於是學生便來到這個地靈人傑的古廟溫書，而這個「習俗」便一直留至今日。

猛鬼邪異病院

難估度：***

　　這棟建築物是甚麼來的？難道是博物館？還是外國領事館？這棟古色古香的建築物前身是一間精神病院，一講到精神病院，大家可能九秒九就想起青山醫院，但青山醫院似乎未出現過甚麼鬧鬼事件喎？

　　其他精神病院的鬧鬼事件未必大家都知，但高街精神病院的鬼故大家一定略有所聞！

　　在二次大戰時，日軍便是以高街的精神病院作為刑場，而位於醫院前面的公園亦變成亂葬崗，當時醫術沒有現時那麼先進，精神病人通常都是進院「等死」的！70年代時，很多駕車人士當經過這裡時，都會聽到空屋裡面傳出一些慘叫聲，另外又有傳政府有意把它拆卸重建，但是在工程進行時，發生了很多怪事，更有工人離奇失蹤，所以才被叫做「高街鬼屋」⋯⋯

　　不過大家不用怕，「高街鬼屋」現時已改建為西營盤社區綜合大樓，並已列為一級古蹟。

估你唔島

難估度：*****

　　這是香港哪個離島？被香港人插過國旗的釣魚島？
浦台島？還是坪洲？

　　如果你答坪洲，也許只答對一半，因為還差一個
「東」字在前——東平洲。東平洲位於香港東北部的大鵬
灣，原名是平洲，為免跟大嶼山附近的坪洲混淆，故改名
為東平洲。東平洲是香港內陸本土最遠的離島，也是最貼
近內地的離島，從深圳坐快艇到東平洲，只要大約花 10
分鐘便可以到達。

　　東平洲全長約 600 米，形狀如一彎新月，正正因為
這個離島較細，居住的島民亦不多，只有約 10 人左右。
其實東平洲曾經都有不少漁民聚居，不過當年香港日治期
間，日本人登島後便把島上的漁民趕到香港內陸，令島民
數量大為減少，直到現時只有幾戶人家及幾間士多店賣些
簡單的零食和飲品。雖然東平洲人口不多，但是因為漫山
遍野都是奇岩怪石，因此成為香港著名的觀石勝地，不少
人都特意前往參觀。

進擊的巨手

難估度：******

　　大家猜一猜，這是甚麼？上帝之手？冥王之手？還是石化進擊的巨人之拳？

　　如果真是進擊的巨人，只有李氏力場擋風擋雨的香港，不知能熬多久呢？放心！這只是黃竹角咀的岩石群，大家說是不是像鬼手呢？

　　大家如果想前往黃竹角咀觀看鬼手，可到三門仔、烏溪沙或塔門租小艇過去。

/ 人物簡介 /

Chok 男
就讀中一，性格好動外向，愛追逐潮流，最愛買新款波鞋和時興電子產品，整蠱及取笑鍾女是他的嗜好。

鍾女
就讀小五，凡事都愛問為甚麼，對四周事物都充滿好奇，雖然身邊的人不停叫她少說話多做事，但天真的她仍會每事問。

Cash 太
享樂主義者，努力工作之餘，也懂得及時行樂。每逢假日，都會跟其他闊太去 Shopping。

呆佬
的士司機，見多識廣。除接載乘客外，假日也會駕車送家人四處去玩。

薀叔
外號「電車男」，經常往返中港兩地工作，為了過更好的生活，除正職外，還做多份兼職。總之，有賺錢的機會，他都不會錯過。

薀嬸
生於湖南，經常會隨丈夫來港，替內地朋友買一些香港貨，賺取買餸錢。在薀嬸心目中，香港有「購物天堂」之譽，對香港的一磚一瓦都充滿無限的好奇和求知慾。她比起地道香港人對香港更有歸屬感，鄉音未改的她現正努力學講廣東話，努力融合香港呢個大家庭。

/ 目錄 /

TRAVEL

01

Hong Kong

奇趣景點篇

由貓嬸被祈福黨詐騙的案件説起，帶出香港的奇趣景點，包括：地質公園、望夫石、求子石、天壇大佛、昂坪 360、金山郊野公園、九龍寨城公園、宋王臺公園、孫中山古蹟徑、藍屋古蹟群。

我們這一家的石頭記

「媽咪，食得未啊，我個肚餓到打晒鼓喇！」鍾女拎起筷子敲枱，好不耐煩。

「不如食住等啦！」Chok 男在旁邊附和著。

「唔准咁無禮貌！等埋薀叔薀嬸返嚟至可以開飯！」Cash 太命令道。

「九點喇，我變咗化石喇！」Chok 男說完，就大字型躺在沙發上反著白眼。

蒲台島的靈龜上山石

「變咗化石就好啊！下個月有人生日，買波鞋嘅錢我就可以慳番！」Cash 太托著腮，得意地說。

Cash 太的激將法果然奏效，Chok 男飛奔過來擁著 Cash 太：「媽，你真係肯買嗰隻限量版新波鞋俾我？咁我唔變化石喇，等就等啦！我都唔係好肚餓啫！」鍾

▲ 蒲台島的「靈龜上山石」

女忽然哈哈大笑，指著哥哥說：「如果哥哥變咗化石，一定會變做『靈龜上山石』！今日，常識科老師介紹咗蒲台島呢個地方，島上面有好多奇異石頭，其中一塊叫『靈龜上山石』，好似一隻烏龜趴喺地上一樣，哥哥最近學人影『仆街相』，佢個樣咪好似嗰『靈龜上山石』囉！」

Chok 男怒眼睥著鍾女，示意她收口。

呆佬一聽便開口罵道：「衰仔，你學人玩『仆街相』呀？喺澳洲，有人玩玩吓真係跌死咗啊！」

Chok 男反駁說：「我哋玩得好小心㗎！」

Chok 男不想父母再談論他的「仆街遊戲」，便轉換話題：「喂！衰妹，蒲台島除咗靈龜上山石，仲有好多其他奇異石頭㗎喎，你又知唔知呀？」

鍾女得戚地說：「我梗係知啦！好似響螺石、佛手岩、靈龜上山石，同埋棺材石，部分更獲選為『香港十大最美岩石』添啊！」

Chok 男見考唔到鍾女，便有點不忿氣地說：「你唔係以為蒲台島淨係得石頭睇呀？」

呆佬見兩兄妹又開始鬧交，便插口說：「Chok 男就講得無錯喇！蒲台島除咗石頭之外，仲有紫菜湯，同埋泥鯭粥都好出名㗎，我幾年前去食過，真係好食到無得頂！不如我哋搵日一齊去食吖！」

Chok 男埋怨著說：「老豆啊，你做乜講食呀，你講起食，我個肚又打鼓喇！」

Cash 太轉頭問老公：「老公，薀叔薀嬸幾時返呢？又話七點半，遲咗成個幾鐘喇！」

地質公園的沉積岩

叮噹——！門鈴響了！

Chok 男興奮得跳起來，嘩嘩大叫：「好囉，薀叔薀嬸終於返到喇！」

Chok 男一股勁兒奔去開門，一見，果然是薀叔薀嬸。

薀叔薀嬸一進門，不斷向眾人賠不是。

Cash 太走進廚房替大家裝飯，鍾女則負責將用來蓋飯餸的碗碟翻過來，呆佬一邊擺筷子和湯匙，一邊問：「你哋今日去咗邊度玩啊？」

「我帶咗老婆去香港地質公園，玩耐咗，唔好意思，要大家等我哋食飯。」薀叔微笑著說。

「地質公園？有沉積岩睇嘅地質公園？」鍾女眼仔碌碌，好奇地問。

▲ 香港地質公園

「係啊，咪睇香港咁細，原來都擁有豐富嘅地質資源。香港地質公園佔地成五千公頃，包括西貢火山岩，同埋新界東北沉積岩兩個景區，可以觀賞到八種最重要嘅沉積岩，年代最久遠嘅岩石，有成四億五千萬年歷史㗎，仲老過香港啊！」薀叔拎起數碼相機，一邊展示照片，一邊介紹。

Cash 太手捧著四碗白飯，也不忘湊湊熱鬧看相片：「嘩！沉積石一層疊一層，好壯觀啊！」

Chok 男已急不及待地對薀叔說：「啲相好靚啊！薀叔，你俾張 SD Card 我，等我抄低啲相做 Wallpaper 吖！」

呆佬說：「要抄都食完飯先抄啦！大家都肚餓㗎喇，一齊嚟食飯啦！」

呆佬一聲令下，眾人圍桌而坐。

呆佬吃了幾啖飯後，又說：「其實，香港奇石真係好多，有望夫石啦，求子石啦，姻緣石啦……」

悲慘的望夫石

薀嬸一臉疑惑地問：「咩望夫石啊？嗰度棄未（係

11

咪）可以望到鬧（老）公㗎？棄未（係咪）去嗰度拜下就會巧（好）快有人柱（娶）㗎？」

▲ 望夫石

蘯嬸是湖南人，半年前已嫁給蘯叔，每個月她都會隨丈夫來港旅遊。雖然她的鄉音未改，但大家都勉勉強強聽得明白。

呆佬大笑著說：「哈哈！當然唔係啦！」

蘯嬸問：「咁呢豎棄（係）乜嘢地方？」

呆佬說：「望夫石喺沙田，係宜家熱門嘅旅遊勝地之一，望夫石嘅外形就好似一個女人孭住個仔，望住遠方盼望，相傳係一個夫妻別離嘅悲慘故事嚟！」

蘯嬸緊張地問:「咩故樹(事)啊？巧(好)慘㗎？」

呆佬解釋說：「故事係咁嘅，以前，因為天旱，稻穀失收，有個丈夫為咗生計，被迫放低老婆同兩個仔去咗外地謀生，點知一去無回頭。三仔乸好慘啊！個女人好希望有朝一日一家團聚，於是，個女人每日手抱住兩個仔爬上山，喺山頂望住個海，盼望丈夫早啲返嚟……直到有一日，個女人如常咁帶住兩個仔上山，點知狂風大雨，雷電一劈，三仔乸就消失咗啦，而佢地當時企嘅

位置，就出現咗一塊
巨石，形態好似佢哋
三仔姆㗎！後來，民
間流傳，係女人嘅深
情感動咗上天，上天
將佢哋化成石頭，永
遠守住呢座山。」

▲ 求子石

鍾女說：「係啊，
我都聽過呢個故事，真係好慘啊！」

薀嬸說：「原來棄（係）咁，呢塊石有個咁嘅故樹
（事）㗎，我都巧（好）想處（去）睇吓！」

鍾女又插嘴說：「我都想啊！爸爸，帶我哋去啦！」

Chok 男也和應著說：「都好啊，反正我都未去過，
去睇吓都好！」

呆佬見大家反應熱烈，便說：「咁好啦！今個星期
日大家坐我的士，我載大家去望夫石影吓相啦！」

「好啊──！」眾人齊聲和應。

天壇大佛

　　Chok 男一家人喺客廳一齊睇電視，當電視播放旅發局嘅廣告時，呆佬突然對大家說：「嫲嫲聽日同爺爺去大嶼山食齋兼拜大佛，你哋一齊去嗎？」

　　碌孻和應著說：「處（去）啊！我又未處（去）過，阿媽話帶埋我一齊處（去）！聽講話巧（好）多遊客都會處（去）睇！我都想處（去）見識吓！」

　　Chok 男皺著眉頭說：「吓！去大佛呀……超悶！唔好預我！」

　　「成日聽到人哋講大佛、大佛，我都想親身去睇吓！我睇過相，好大座㗎！我好想同大佛影相啊！」鍾女拍著手，興奮地說。

大佛附近的景點

呆佬回答:「去到嗰度,除咗睇大佛,仲有好多節目。大佛附近係寶蓮寺,我哋可以喺嗰度食齋。寺院附近更開設香港唯一嘅茶園,旅客會喺嗰度品

▲天壇大佛

嘗茶園出產嘅名茶。如果喺寶蓮禪寺留宿,就可以一大清早起身,去鳳凰山觀賞日出,鳳凰山高 934 米,係全港第二高峰。而距離寶蓮禪寺唔遠嘅『心經簡林』,將儒、釋、道三教共尊嘅寶典《心經》整篇書法刻喺多條木柱上面,以大型戶外木刻嘅方式展示,依經文順序排成 "∞" 字,象徵「無限」、「無量」。之後仲可以去埋附近嘅其他旅遊景點,包括水鄉風情嘅大澳、奇妙歡欣嘅香港迪士尼樂園,以及旅遊旨趣嘅梅窩觀光遊覽。」

Cash 太又說:「Chok 男,難得一家人一齊去嘛!」

鍾女說:「係囉,係囉!哥哥,一齊去啦!」

Chok 男諗咗一陣,說:「唔……咁我去啦!」

鍾女問:「大佛有幾大?有幾厲害啊?」

「天壇大佛由籌建到建成歷時 25 年,於 1993 年 12 月開光並開放俾公眾參觀。天壇大佛係全球最高嘅戶外青銅坐佛,端坐喺三層祭壇上;高 34 米,重 250

公噸，佛祖嘅面龐由原塊青銅鑄造，面積達 30 平方米，非常宏偉！遊人可以攀上 268 級石階，去參拜大佛，或者喺平臺上遠眺大嶼山同南中國海嘅無際風光。」呆佬耐心地回答。

▲ 心經簡林

鍾女驚訝地說：「嘩！268 級樓梯，咪有排行？好劫喎！」

Cash 太說：「咪當一家人做運動囉！」

藷嬌說：「咦，其實天壇大佛除咗大佛仲有咩睇㗎？」

大佛內的觀光重點

呆佬回答：「天壇大佛嘅地基面積為 2,239 平方米，內分三層，第一層係『功德堂』、第二層係『法界堂』、而第三層係『紀念堂』。『功德堂』放有一尊以楠木雕成嘅地藏王菩薩，同時展覽斯里蘭卡法師維巴那沙拿 4 幅描述釋迦牟尼佛出生、成道、初轉法輪同入滅嘅繪畫。『法界堂』則內設佛教書畫展。而『紀念堂』就係供奉佛陀真身舍利子，於 1992 年由寶蓮寺法師遠赴斯里蘭卡迎來。三層殿堂由圓形樓梯貫通，中間掛一個直徑 2 米嘅『瑜伽鐘』，外壁有佛像、手印同善信芳

名，內壁刻有經文，由電腦控制大鐘每隔 7 分鐘就會自動敲打一次，共敲 108 次，目的係等眾人『解除 108 種煩惱』。」

礌孀說：「嘩！乜外壁除咗大佛之外，仲有騎（其）他佛像㗎？」

呆佬笑了笑，說：「係啊，大佛周圍有六天母像，分別手持六種供品，包括花、香、燈、塗、果、樂，表達對佛陀嘅敬意，象徵布施、持戒、忍辱、精進、禪定同智慧。」

「有咁多嘢睇，好想快啲去啊！」鍾女興奮得蹦蹦跳。

Chok 男說：「咁我上網睇下坐咩車去！」

Cash 太和應說：「好！睇吓咩車方便啲。」

Chok 男大聲地說：「我搵到喇，我哋去大佛可以喺紅磡碼頭乘搭 1R 號巴士、梅窩碼頭乘搭 2 號巴士、大澳巴士站乘搭 21 號巴士、或者東涌站乘搭 23 號巴士。」

昂坪 360 纜車

Cash 太思考一會後說：「啊！我哋都可以坐昂坪 360 去大佛！」

鍾女拉著 Cash 太，興奮得大叫起來：「好啊！我要坐水晶纜車！」

呆佬補充說:「水晶纜車同一般纜車最大嘅分別係,水晶纜車有一個透明車底,我哋除咗可以睇到四周嘅風景之外,亦可以欣賞纜車底下嘅翠綠山巒,真真正正咁睇晒 360 度風景。」

▲ 昂坪 360 纜車

Chok 男聽後不安地說:「講明先,我唔坐水晶纜車㗎!」

鍾女馬上大叫:「啊!我都唔記得咗,阿哥懼高——」

Chok 男衝過去搞住鍾女的嘴:「唔好亂講啊衰妹!」

三個大人大笑起來,Cash 太說:「我哋都係坐一般嘅登山纜車啦,一般纜車嘅話 Chok 男就唔會咁驚啦!」

蒀嬋聽見不坐水晶纜車,便嘟起了嘴巴,委屈地說:「都巧(好)啦,都叫坐上山,舒服巧(好)多!聽講以前無纜車㗎!」

呆佬說:「係啊!昂坪 360 喺 2006 年正式啟用,全長 5.7 公里,係亞洲最長嘅雙纜索纜車系統。昂坪纜車連接東涌市中心及昂坪,喺纜車靠近昂坪纜車站及昂

坪市集嘅時候，宏偉嘅天壇大佛就會展現喺我哋眼前喇。我哋由昂坪纜車站落車之後，行幾步就可以到達昂坪市集，市集內有多采多姿商店、餐廳及娛樂設施。觀光完昂坪市集後，我哋步行五分鐘便可到達天壇大佛。」

Chok 男依然覺得不安，小心奕奕地說：「我記得早幾年曾經有纜車墮下，不如都係坐巴士啦……」

Cash 太拍拍兒子的肩膀，笑著說：「經過墮車事件之後，昂坪 360 嘅負責公司立即停駛近 4 個月。喺硬體更新及連串運行測試，又得到機電工程署批准之下，再於 12 月 31 日恢復載客服務。直至今日都無再出現同樣嘅意外，就足以證明纜車公司對於服務質素、乘客嘅安全都更為重視。所以我哋可以放心咁坐纜車上大佛！」

呆佬說：「連 360 都無坐過，連大佛都無去過，點算香港人呀？」

Chok 男只得苦着臉地說：「係啦……咪去囉！」

▲ 360 纜車與大佛擦肩而過

孫悟空大鬧香江

晚上七時多，Cash 太正在廚房預備晚餐，Chok 男正在洗澡，鍾女和呆佬在客廳看著電視節目《阿笨與阿占》，鍾女看得非常高興，燦爛地笑著說：「哈哈，呢隻馬騮好得意啊！好似人咁叻喎！」

呆佬說：「係啊，佢經過主人訓練過先會咁叻，唔係每隻馬騮都好似佢咁聰明㗎！」

說到這裡，節目剛好播完，鍾女失望地說：「又要等下一集先有得睇喇——！」

「如果你想睇，香港都有一個馬騮山可以睇到馬騮，嗰度叫金山郊野公園，可以睇到好多馬騮㗎，啲馬騮係屬於長尾獼猴嘅一種！我平時揸的士去沙田，有時

都會經過金山路，金山路沿路已經見到有啲馬騮喺路邊周圍覓食，跟住經過九龍水塘堤壩，就會見到愈嚟愈多馬騮，佢哋身手敏捷喺樹上面爬嚟爬去，有啲就會一家大細排排坐，互相抓痕同捉虱。」呆佬指手劃腳，越說越興奮。

鍾女很感興趣，說：「爸爸，你講到咁吸引，我聽日放假，你帶我去啦！」

此時，Chok男剛好洗完澡出來客廳聽到鍾女的說話，問：「你哋聽日要去邊呀？」

呆佬回答：「阿妹話要去馬騮山睇馬騮喎！」

勿做金山馬騮的「跟班」

Chok男驚訝：「吓！嗰度啲馬騮成日襲擊人，咁危險！更何況宜家都已經立例唔可以再餵馬騮喇！去到都係得個睇字！」

▲在金山郊野公園有好多馬騮

鍾女一聽不可以再餵馬騮便扁了扁嘴，說：「點解唔可以餵馬騮喎？」

呆佬說：「其實政府都係因為怕啲馬騮會襲擊路人，怕我哋會受傷，先立例唔可以再餵馬騮啫！」

鍾女又問：「咁點解啲馬騮會無啦啦襲擊我哋喎？」

呆佬耐着性子回答，說：「因為喺馬騮世界入面，做『跟班』嘅先要貢獻食物俾『大佬』，如果人類餵飼馬騮，就會令馬騮以為人類甘願做佢哋嘅『跟班』，增加佢哋襲擊人類嘅風險喇！」

Chok 男點點頭，得意地補充：「所以只有領牌人士先可以餵飼馬騮，無牌嘅一律禁止餵食，違例者最高罰款一萬蚊㗎！唔止禁止餵食，政府都曾勸喻過市民唔好帶『背心膠袋』去金山郊野公園㗎啊！」

鍾女一臉不解，問：「帶『背心膠袋』都唔得？」

呆佬解釋說：「馬騮曾經見過人喺『背心膠袋』入面攞食物餵飼佢哋，令佢哋以為只要係『背心膠袋』，入面就一定有食物！自此之後，佢哋就會向手持『背心膠袋』嘅人攞食物，或者會趁人唔覺意嘅時候強搶膠袋，真係令人防不勝防㗎！」

鍾女又問：「咁如果我哋無食物、無膠袋喺手，啲馬騮會唔會襲擊我哋㗎？」

Chok 男說：「除咗食物之外，我哋仲要同佢哋保持住適當嘅距離，千其唔好伸手摸佢哋；我哋又要靜靜地咁行，千祈唔好同佢哋有眼神接觸，如果唔係佢哋會以為你挑釁佢哋；仲有千祈唔好發出太大聲，因為咁會令佢哋慌張起嚟、亂咁襲擊我哋㗎！」

呆佬摸了摸鍾女的頭，說：「如果人類過份同啲馬騮接觸，只會令佢哋依賴咗人類，降低咗佢哋對大自然

嘅適應力。所以為咗令馬騮天生天養，唔再依賴人類俾食物佢哋，政府特別喺金山郊野公園放咗啲腳踏式開啟嘅垃圾桶，增加馬騮拎垃圾嘅難度。」

這個時候，Cash 太把餸菜拿出來，並搭訕說：「唔餵馬騮都可以去睇馬騮啫！仲有好靚嘅風景睇，又可以燒嘢食，我哋一家都好耐無燒過嘢食喇！」才說完，又轉身返回廚房。

鍾女拍着手叫好：「有得 BBQ，正啊！」

Chok 男反了反白眼，說：「你除咗食仲識做咩呀？我就唔同呢！媽咪，你話有好靚嘅風景睇，即係喺邊呀？」

呆佬說：「媽咪要煮飯啊，等我代答啦！你媽咪講嘅，就係金山山坡同公園西面山脊嘅地方，呢個位置係欣賞風景嘅最佳地點。喺嗰度眺望，可以睇到孖指徑、香港嘅大帽山、針山、沙田、獅子山同埋筆架山，九龍北部、海港西面、昂船州同埋葵涌等等嘅地方都可以望到，加上所有路段都簡單易行，一家大小、扶老攜幼都好適合去玩㗎！」

千方百計替馬騮避孕

鍾女突然又問：「爸爸，話時話，點解金山郊野公園一帶會有咁多馬騮嘅？幾時開始有㗎？」

呆佬笑着回答說：「好問題啊！金山郊野公園嘅馬騮傳說喺二十年代，一位『行船』嘅居民將長尾獼猴由

外地帶到嚟香港，嗰個人將獼猴喺金山郊野公園放生，自此之後獼猴就喺水塘一帶嘅山頭棲身，因為佢哋迅速繁殖，無耐就已經遍佈整個山頭，最後仲成為咗宜家香港特色旅遊嘅景點之一㗎！」

Chok 男說：「係啊！佢哋真係繁殖得好快！我突然諗起之前睇過一單新聞，講野生馬騮太好生養、猴群迅速壯大，所以漁農署呢幾年都不斷『諗計仔』活捉金山馬騮去打避孕針，又好似利用貨櫃咁大嘅鐵籠嚟捉馬騮，裡面放置大量生果，引誘啲馬騮入去。捉到馬騮後，會向佢哋射麻醉槍，麻醉咗之後先打針避孕，但馬騮成日『未開槍就扮暈』，又或者『一中麻醉槍就立即拔出麻醉針』，佢哋真係幾聰明㗎喎！」

鍾女問：「點解佢哋要一中麻醉槍就立即拔出麻醉針呀？唔係都已經中左槍咩？」

Chok 男說：「因為馬騮中槍之後，麻醉針入面嘅藥先慢慢注射入去馬騮體內，佢哋希望盡快拔出麻醉針，咁就無咁易被麻醉啦！」

鍾女恍然大悟，說：「哦！原來係咁！」

呆佬說：「既然阿妹想睇馬騮，咁我哋聽日就一家人一齊去睇啦！」

鍾女立即站起來，說：「咁等我睇吓有咩車可以去到啦！」話未說完，她已一支箭衝入房間，上網搜尋到達的方法。

不一會，她又大叫說：「我知喇！我睇到可以搭72、81同86B號巴士去！我哋可以喺旺角搭81號。」

Chok男說：「做功課又唔見你咁快手，成日話睇馬騮，你咪成隻馬騮咁囉！你去照鏡都睇到啦！」

鍾女不滿起來，向呆佬投訴：「爸爸，哥哥又蝦我啊！」

甜甜蜜蜜在荔園

呆佬正想叫兩人別再吵時，Cash太把最後一碟餸菜端出來，並說：「好喇！兩個都咪嘈啦！講起睇馬騮，我就諗起嗰時同你哋爸爸拍拖一齊去荔園玩——」

呆佬對老婆說：「係囉！我仲記得當時我哋手拖手去睇老虎同大象嘅情境。可惜吖，荔園已經結業，如果唔係，真係好想放低兩個細路去荔園拍吓拖，Sweet Sweet 吓嘛！」

Cash太雙手叉起腰，說：「你宜家都可以帶我去拍拖㗎，我哋可以去動植物公園睇吓動物、或者係海洋公園睇吓熊貓、中華鱘都得㗎，你唔帶我去咋！」

呆佬對太太拋了個媚眼，笑著說：「咁我哋下個星期兩個人去拍拖、撐枱腳，鍾女就交俾阿仔湊啦！」

在Cash太想回答前，Chok男和鍾女已不約而同地拿起盛有餸菜的碟，Chok男說：「好肉麻啊！我哋去食飯先啦！你哋有情飲水飽，唔駛食㗎啦！」

九龍城的一天

　　呆佬、Cash 太、孻叔孻嬸四人一起到九龍城吃泰國菜。

　　「鍾女去咗外婆屋企，Chok 男入咗 camp，我哋四個大人今晚可以食得盡興啲啦！食完泰國菜，再去食甜品直落！」Cash 太說到眉飛色舞！

　　「係啊！前面有間泰式按摩館，食完仲可以去做腳底按摩㗎啊！」孻叔也一臉雀躍。

　　孻嬸左望望，右望望，說：「鬧（老）公，呢豎咁多泰國商舖嘅？」

九龍城：小泰國

　　「係啊，九龍城係全港最多泰國人集中嘅地方，有

『小泰國』之稱。好多大型嘅泰國節日，亦會喺九龍城慶祝，就好似潑水節咁。4月13至15日係泰國新年，潑水節就係傳統慶祝活動，好多住喺香港嘅泰國人都會去九龍城參加潑水節巡遊。佢地會穿上泰國傳統服裝，手持水槍及大大小小嘅器皿，互相潑水㗎！」薀叔一邊說，一邊做出潑水的動作。

薀嬸問：「點解泰國人咁鍾意揀九龍城開舖頭呢？」

薀叔搖搖頭，說：「我都唔肯定啊！據講，有好多九龍城寨嘅人去泰國娶老婆，泰國女人嫁嚟香港後就喺九龍城開舖做小生意，呢班泰國新娘就將家鄉菜帶來九龍城喇！」

啟德機場的一流機師

Cash 太托著腮，嘟起嘴巴說：「我以前喺九龍城讀書㗎，不過對呢度無乜好感，讀到中三就轉校喇！」

薀嬸碌大眼睛問：「點解啊？」

Cash 太皺起眉頭說：「以前舊機場坐落喺九龍城，你會見到大大架飛機喺你頭殼頂飛過，飛機飛過嘅噪音真係震耳欲聾啊！以前中學課室邊有冷氣設備呀？冬天門晒窗都仲好啲，到咗夏天，要迫住開晒窗，隆隆聲嘅飛機聲嘈到我根本無辦法專心上堂，所以捱咗三年就決定轉校喇！」

呆佬「哦」了一聲，說：「老婆，又難怪嘅！以前啟德機場啲飛機咁低飛，喺咁低距離嘅上空飛過，噪

音水平有成 100 分貝，就好似身處喺播放強勁音樂嘅 Disco 裡面一樣，真係好惡頂！之不過，你都唔可以唔佩服以前嘅機師，要喺樓房密集嘅

▲ 飛機在樓房密集嘅九龍城起飛同降落

九龍城起飛同降落，而竟然無發生過撞落民居嘅意外，機師啲技術真係一流啊！喺九龍城街頭抬頭望住大鐵鳥低飛，真係世界罕有嘅奇景啊！不過宜家機場拆咗，搬咗去赤鱲角，呢種奇景只可以變成回憶啦！」

九龍城的不愉快遭遇

Cash 太補充說：「其實，除咗飛機嘈音之外，九龍城寨嘅治安好差，好多白粉佬喺附近吸毒，搶劫都好嚴重，試過有次有個男人流晒鼻涕咁走過嚟問我借錢俾佢買白粉，嚇死我啊！好彩當時有幾個女仔陪住，我哋將個白粉佬鬧走，先無事咋！」

蕾嬸嘩了一聲，說：「巧（好）危險啊，九龍城呢個地方咁差㗎！我哋食完晚飯，都棄（係）早啲走啦！越夜治安越差啊！」

蕾叔笑住說：「老婆，唔駛驚，大嫂講緊嘅係以前嘅九龍城，宜家嘅九龍城唔同晒喇！」

蕾嬸問：「有咩唔同啊？」

　　呆佬說：「咁就要講吓歷史喇！1842 年，香港島成為英國殖民地；1898 年，連九龍半島同埋新界都成為咗英國殖民地，但唯獨係九龍城寨仍然由中國當時清朝政府管轄。後來，日本仔打香港，拆毀咗九龍城寨嘅城牆；到日本投降之後，有大批戰後嘅露宿者同埋貧民湧咗入去住，當時民國政府搞緊內戰，英國又得唔到批准入去管理，結果，九龍城寨就變成中國、英國、香港政府都唔管嘅地方，即係『三不管』，所以，先搞到龍蛇混雜，治安咁差，黃賭毒樣樣齊。」

　　孻孲問：「咩『王倒讀』？人名嚟㗎？」

　　孻叔哈哈大笑，說：「唔係，黃係指色情；賭係指賭博；毒係指毒品，因為『三不管』，所以搞到九龍城寨變成罪惡溫床。但到咗 1987 年，英國獲准清拆九龍城寨，改建成公園，九龍城就回復平靜喇！」

　　孻孲問：「咁九龍城寨公園有咩特色㗎？」

九龍寨城公園的前身

　　孻叔說：「政府喺清拆城寨嘅時候，都有將重要嘅歷史遺跡留低，例如石匾、大炮、柱基及清朝官府嘅碑銘等，仲有塊『九龍寨城』字樣嘅

▲ 城寨拆卸後，地下起出的石碑

石刻，好有歷史價值㗎！裡面仲有塊歸璧石，有完璧歸

趙，香港回歸中國嘅意思！吓！仲有遊奕園，遊客可以以身代棋成為棋盤上嘅棋子嚟捉棋，好得意㗎！」

宋王臺公園的逃亡史

呆佬說：「隔離嘅宋王臺公園亦好有特色，好值得去㗎！」

蒀孀問：「宋王臺公園？有咩特色啊？」

呆佬說：「講起宋王臺呢......以前宋朝嘅皇帝都嚟過香港㗎！」

蒀孀笑住說：「嘩！香港咁威水㗎！宋朝嘅皇帝都要探訪香港！」

呆佬搖搖頭說：「唔係探訪，係走難啊——！宋朝

▲「九龍寨城」字樣嘅石刻

末代皇帝是同帝昺因為蒙古兵打到嚟，迫住走難，佢哋逃亡到九龍城附近，見蒙古軍無追嚟，就喺呢度建立行宮。點知，蒙古軍好快就殺到，兩個皇帝又開始走難，走難途中，一個死咗，一個就跳海自殺。後來，後人為咗紀念兩位宋朝皇帝，就喺九龍城一塊巨石上刻上『宋王臺』三個字。到咗日本仔打香港，日本人要擴展九龍城嘅啟德機場，覺得呢塊巨石阻住地球轉，竟然想炸毀佢。好彩破壞工作未完，日本就戰敗投降。之後，喺街

坊福利會嘅要求下，港府派人小心割下嗰塊刻有『宋王臺』嘅巨岩石，再喺原址興建公園，供人憑弔，呢個就係宋王臺公園嘅由來喇！」

由宋皇到孫中山

蒕嬸點點頭，說：「原來，中國有段咁重要嘅歷史，喺香港發生......」

呆佬說：「其實，唔止咁，中國有另一段重要嘅歷史，同樣係喺香港發生㗎！」

蒕叔搶著說：「大佬，我知你想講乜喇！你想講孫中山嘛！」

呆佬笑笑口說：「兩兄弟，果然心靈相通！」

蒕叔說：「由細到大，你最佩服嘅偶像就係孫中山，我點會唔知啊！」

Cash 太說：「我雖然係歷史盲，但都知少少。孫中山以前喺香港讀過書㗎嘛！」

呆佬說：「唔止讀書咁簡單！中環 SoHo 區嘅士丹頓街 13 號，有一座『永善庵』，係孫中山『興中會』嘅總部，1911 年同盟會幹部就係喺呢度策動咗一場轟轟烈烈嘅『廣州之役』，同埋『黃花崗之役』！」

蒕叔說：「中環有條中山史蹟徑，想知道孫中山更多生平，就要去行吓喇！佢由香港大學為起點，一共有 15 個景點。第一站嘅香港大學，就係孫中山學醫嘅

地方;第三站嘅美國公理福音堂,就係孫中山受洗同居住嘅地方。沿住每一個景點咁行,透過每一個景點嘅展板介紹,可以重溫孫中山讀書、受洗、與革命黨人開會嘅種種經歷。一個鐘左右就行晒喇!老婆,我搵日帶你去!」

蘊嬸沒有答話,反而四圍望。

蘊叔叫道:「老婆,你做乜四圍望,我同你講緊嘢啊!」

蘊嬸輕輕地說:「門口排長龍等位嗰班人巧(好)惡咁望住我哋啊!我哋坐咗咁耐都唔叫嘢食,巧(好)似專登霸住個位唔幫襯!」

集體回憶

　　蠱叔因為日做夜做，又經常用錯誤的姿勢擔擔抬抬，終於不慎扭到腰。他的老死介紹他到灣仔的林鎮顯醫館看跌打，這家醫館的醫師每天只醫治七個客人，故此需要預約才能看症。於是，蠱叔打電話到醫館預約了星期五的上午看症。

　　星期五，蠱叔同蠱嬸一起前往醫館，他們坐港鐵到灣仔站，再步行大約十分鐘，蠱嬸就見到眼前出現一座藍色的建築物，很驚奇地問：「嘩，呢座藍色嘅大廈好特別喎！」

藍屋趣味史

　　蠱叔說：「喔！呢幢藍色嘅大廈叫做藍屋，藍屋喺

1922 年建成，所以唔好睇外面咁光鮮，呢幢大廈已經有超過 80 年歷史喇！除咗年代久遠之外，別具特色嘅建築風格亦令藍屋被評為香港一級歷史建築物，藍屋樓梯間嘅牆壁、單位內嘅窗戶同樣由木材製

▲藍屋

造，係香港少數餘下有露台建築嘅唐樓，由於藍屋歷史文化價值高，所以香港政府亦積極將藍屋列為保育建築物之一喇！」

蘊嬸又問：「咁點解藍屋嘅外牆會棄（係）藍色咁怪嘅？」

蘊叔回答：「其實藍屋本身並唔係藍色㗎，而家我哋見到外牆藍色，係因為喺 1970 年代，香港政府為呢棟唐樓外牆油上油漆時，物料庫只剩下藍色油漆，所以就油成藍色喇。」

蘊嬸點點頭，說：「哦……原來棄（係）咁！之但棄（係）點解你要山長水遠走嚟呢度睇跌打呢？」

蘊叔說：「出名囉！1867 年時，香港第一間華人醫院就喺呢度設辦，稱為『華佗醫院』。『華佗醫院』喺 1887 年結業之後，藍屋就作為廟宇供奉「神醫華陀」，1924 年再重建為現時 4 層高嘅唐樓，地下則設有「華陀廟」。直至 1950 年代，黃飛鴻徒弟林世榮嘅侄兒林祖，就喺廟宇位置開設武館，十年之後林祖

再將武館傳俾個仔林鎮顯，林鎮顯就將武館改為跌打醫館，一直經營至今。而家我哋見到嘅跌打醫館，就係由林鎮顯師傅嘅遺孀陸麗燕打理，我就係約咗陸師傅睇症喇！」說完就指向地下的那間跌打醫館。

倒夜香文化

蕭嬸說：「嘩，原來呢間醫館有咁嘅歷史㗎！就棄（係）因為咁藍屋先咁出名？」

蕭叔回答：「當然唔止啦！『倒夜香』亦係令藍屋出名嘅原因，因為成座藍屋都無廁所，

▲ 倒夜香的記號

所以以前夜晚會有人嚟『倒夜香』！你睇吓地下至一樓嘅梯級，係咪有三塊木板上面有幾個數目字同符號？聽舊街坊講，呢啲符號係當年倒夜香嘅工人為咗記低邊日要到邊一層倒夜香做嘅記號，好具歷史價值㗎！只係當『倒夜香』嘅服務無咗之後，住客人有三急就唯有去附近嘅公廁『解決』喇！」

蕭嬸又說：「無廁所真棄（係）幾唔方便喎！」

蕭叔說：「屋入面一個單位起碼有三間板間房，有頭房、中房、尾房，房租會依通風嘅程度有所加減，果時如果板間房有一扇窗已經係『好架勢』㗎喇！」

蕭嬸皺起眉頭，說：「呢啲樓今時今日點住呀？」

蕭叔點點頭，說：「的確，而家年輕一代已經唔

會再有人願意住呢種有騎樓嘅唐樓，但其實以前灣仔、上環一帶密密麻麻都係呢種四、五層樓高嘅唐樓，連我細細個都係咁住㗎！我最記得嗰時啲人最鐘意喺騎樓睇風景、閒話家常，啲男人、細路成日著住內褲就喺騎樓沖涼，幾自由自在啊！如果唔記得帶鎖匙或者遮，只要喺樓下嗌一聲，屋企人立即就喺騎樓拋落去俾自己！點似得而家，如果喺樓下嗌一聲，啲人唔搵水淋你至奇啊！」忽然，蘊嬸手指一揚，說：「咦！鬧（老）公，除咗藍屋之外點解仲有其他橙色、黃色嘅建築物嘅？」

藍屋、黃屋和橙屋

蘊叔說：「隔離呢棟橙屋本來無名，後來政府收購呢棟樓後，以橙色的油漆粉刷外牆，後來跟隨藍屋的名稱一齊稱呼，因此得名「橙屋」。再隔離呢棟黃屋，情況一樣，本身都係無名，因為政府收購呢棟樓後，以粉黃色油漆美化外牆，黃屋因而得名。藍屋、黃屋、及橙屋喺灣仔形成咗一個罕見嘅唐樓建築群。為了活化呢個建築群，日後呢度會有鞏固同埋復修工程，但無論重建成點，樓宇裡面嘅一土一木，包括木造樓梯、木製窗框、牆壁，以至露台、天台等設施，都會『原汁原味』咁保留落來。」

蘊嬸拍拍胸口，說：「巧（好）彩有得活化咋！呢度咁特別，如果拆卸咗真棄（係）會巧（好）可惜㗎！」

蘊叔望了望手錶，說：「哎呀！我夠鐘睇跌打喇！我哋睇完先再周圍睇啦！」

全因寫錯字而起！

　　鍾女放學回家，第一時間衝進廚房對媽媽說：「媽咪，下星期六我哋成班同學仔去陳美寶屋企玩啊！」

　　Cash 太問：「有幾個人呀？怕唔怕打攪到人哋？」

　　鍾女說：「計埋我有八個人，我哋去佢屋企玩 wii，佢屋企好大㗎！有成千呎，仲有兩個工人！」

　　Cash 太說：「嘩，真係好大，咁佢住喺邊？」

　　鍾女說：「太古城。」

　　Cash 太說：「咁好容易去到，搭港鐵在太古站 D1、D2、E1 出口都去到太古城，睇你去邊座同邊一層而定。除咗港鐵，有好多架巴士都經嗰度，仲有幾架小巴都去到。」

Chok 男剛巧從浴室出來，搭訕說：「我知道以前太古城唔係住宅區，不過宜家就有好多高尚住宅！」

「大吉」變「太古」

Cash 太說：「係啊，太古城嘅前身係太古船塢，喺 1907 年建成，太古船塢當時已經係香港規模最大嘅船塢，一度僱用超過五千個工人，而造船技術同出產船隻嘅排水量皆同日本齊名。太古船塢曾於 1971 年發生五級大火，當時停泊喺船塢內進行維修嘅一艘古巴貨輪失火，釀成 3 死 4 傷。船塢最後於 1978 年關閉，並發展成今日嘅太古城。原址嘅大片土地被太古地產分階段重新發展，興建新嘅住宅。佢嘅紀念碑宜家仍然喺原來的位置以作紀念，即係喺太古城中心前面。」

呆佬說：「講起太古城，你哋知唔知點解會叫太古城呢？太古城係由太古集團所建，聽聞太古集團創辦人 John Swire 嘅仔一直想幫 Swire 改一個中文名。在某個農曆新年，佢經過一條小村，發現四處掛滿寫上大吉兩個字嘅揮春，認為係一個好名，就決定改做『大吉』。但佢因為中文唔好，所以將『大吉』寫咗做『太古』，仲一直用到宜家。後來佢知道搞錯咗，但將錯就錯，結果，原來應該叫『大吉城』就變成『太古城』喇！」

鍾女同 Chok 男齊聲大笑，說：「哈哈，咁都有嘅！」

將錯就錯的地名

呆佬說:「其實,將錯就錯嘅例子,仲有好多啊!」

Chok 男對街名歷史很感興趣,不停追問:「老豆,再講多啲啊!」

呆佬說:「有次我開工,接載咗一個乘客,原來佢係大學教授嚟,行車期間,佢講咗好多街名歷史俾我聽,好多都係將錯就錯㗎!例如 Queen's Road,原本應該譯作『女皇大道』,但香港翻譯員錯誤咁將女皇當成皇后,錯譯成『皇后大道』,後來雖然有人發現,但都錯咗啦,就算數啦!又例如油麻地天后廟前有一塊空地,英國人覺得佢似英國城鎮嘅 Public Square,原本應該譯做『公眾廣場』,但當時嘅香港翻譯員只知道『Square』解作四方形,而唔知「Square」有廣場嘅意思,結果譯成『公眾四方街』,即宜家嘅「眾坊街」。最錯得離譜都係中環半山的 Alexander Terrace(列拿士地台),原來當年負責翻譯嘅香港人,依照中文傳統由右至左嘅閱讀方向,將『Alexander』睇成『Rednaxela』,糊裏糊塗就音譯成列拿士地台喇!」

Chok 男說:「嘩!咁都得?即係將錯譯當做正名啦!」

呆佬說:「即使後來知道搞錯咗,但既然無人投訴,就將錯譯當作正名囉,咁樣卻成為咗香港街道文化特色。」

鍾女興奮得在沙發上彈跳起來,說:「嘩!太古名稱嘅由來,陳美寶肯定唔知,我要去考吓佢至得!」

估你唔到

　　鍾女的學校舉辦了一個「香港知多少」的比賽，同學今天內回答問卷上的問題，再把答案以 E-Mail 傳給負責老師，答案正確而最快回答完的十位同學都可以得到迪士尼樂園入場券四張！所以鍾女一回家就跑入房間，埋守在電腦前，不斷尋找答案。

　　做到第 10 題時，鍾女望著那些可選擇的答案，傻笑起來。呆佬聽見女兒的笑聲，忍不住心底裡的好奇，走入房間問：「妹妹，你點解對住電腦傻笑呀？」

　　鍾女忍著笑，指著手上問卷，說：「唔係啊，我只係覺得呢啲名好搞笑！」

　　「等我睇吓——」呆佬探頭望著問卷。

10. 以下哪一條不是香港的地方名稱？

a. 米粉頂

b. 狐狸叫

c. 大冷水

d. 五塊田

e. 龜頭嶺

f. 膊頭下

g. 狗屎圍

h . 崩鼻洲

i. 春花落

j. 馬尾街

k. 難過水

l. 雞翼角

m. 蘆鬚城

　　呆佬大笑起來：「嘩！呢啲名真係好搞笑！每一個名都好似係真，又好似係假咁，要揀一個錯誤嘅名稱，真係好高難度喎！」

　　鍾女說：「係囉！我繼續上網查！希望快啲答晒，可以拎到迪士尼嘅飛！」

　　呆佬摸摸鍾女的頭說：「好啦！等爸爸幫你手用 iPhone 上網搵吓資料啦！我哋逐個逐個查好快可以知道個答案㗎喇！」

　　三分鐘後，兩父女同心協力之下很快找到答案 (註 1) 了！鍾女馬上翻到第二頁，一心想快點答完問題鬥快

「交卷」，誰知第二頁的問題更高難度——

11. 請寫出以下的地方名在香港哪個位置？

a. 牛屎湖、馬尿河

b. 饅頭墩

c. 馬屎埔

d. 牛屎缽

e. 狗髀洲

f. 鴨螺春

g. 大腦上洋、大腦下洋

h. 吊手岩

i. 九擔租

j. 倒扣灣

k. 元五墳

l. 打瀉油坳

m. 鎖匙扣

n. 烏鴉落陽

o. 犀牛望月

「嘩，乜咁麻煩㗎！」鍾女皺起眉頭。

「嗯⋯⋯」呆佬也點點頭，續說：「嚟啦！我哋繼續上網查吓，應該好快查完，然後一家人去迪士尼玩！」

鍾女想起迪士尼，馬上興奮得大叫一聲：「好！」

再過十分鐘後，鍾女和呆佬上網搵齊資料 (註 2)，把完成的問卷傳到老師的 E-Mail 裡。

註 1：答案是 j，香港沒有「馬尾街」。

a. 米粉頂 (位於西貢)；b. 狐狸叫 (位於西貢)；c. 大冷水 (位於屯門)；d. 五塊田 (近清水灣)；e. 龜頭嶺 (位於八仙嶺)；f. 膊頭下 (近沙頭角)；g. 狗屎圍 (位於大埔)；h. 崩鼻洲 (位於西貢)；i. 春花落 (位於青衣)；j. 馬尾街 (香港沒有「馬尾街」)；k. 難過水 (位於東平洲)；l. 雞翼角 (位於大嶼山)；m. 蘆鬚城 (位於南丫島)

註 2：

a. 牛屎湖、馬尿河 (近印洲塘)；b. 饅頭墩 (位於獅子山)；c. 馬屎埔 (位於元朗)；d. 牛屎缽 (位於西貢)；e. 狗髀洲 (位於西貢)；f. 鴨螺春 (近沙頭角)；g. 大腦上洋、大腦下洋 (位於西貢)；h. 吊手岩 (位於西貢)；i. 九擔租 (近鹿頸)；j. 倒扣灣 (位於大嶼山，近馬灣)；k. 元五墳 (位於西貢)；l. 打瀉油坳 (位於西貢)；m. 鎖匙扣 (位於西貢)；n. 烏鴉落陽 (位於元朗)；o. 犀牛望月 (位於元朗)

各位讀者，猜得到正確答案嗎？

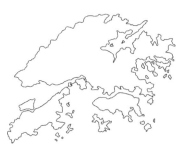

02

Hong Kong

食得是福篇

由 Cash 太細訴電視台茄喱啡奮鬥故事說起，帶出香港的飲食文化，包括：大牌檔、茶樓、米芝蓮食府。

我們是靠電視汁撈飯大的！

「媽咪，我生痱滋，好痛啊！」鍾女向 Cash 太大聲哭叫。

坐在一旁嘅薀嬅插嘴說：「你係咪熱氣呀？」

Cash 太溫柔地說：「鍾女，媽咪同你去飲涼茶好唔好？」

「唔要啊！唔要啊！涼茶好苦嘅！」鍾女抿了抿嘴。

Cash 太又說：「有些涼茶唔苦㗎，甜甜地好好飲㗎，媽咪細細個都成日飲嘅！」

鍾女見 Cash 太信誓旦旦地保證，只得點點頭答應。

之後，Cash 太和�嫲帶同鍾女就出外到涼茶舖去。

到了涼茶舖，她們三人坐了下來，分別點了五花茶、廿四味和野葛菜。

鍾女四處張望，說：「媽咪，點解涼茶舖咩都無，好悶啊！」

嫲嫲搭訕：「棄（係）囉，啲茶餐廳都有訂（電）視睇吖！呢度咩都無！」

涼茶舖睇電視

Cash 太說：「其實喺五十年代尾嗰陣，涼茶舖係有電視㗎！香港喺 1957 年 12 月先有電視廣播，就係『香港麗的呼聲』。當時只係播黑白畫面，一部電視都要七百蚊先買得到，所以一般家庭根本負擔不起，因為一個普通文員嘅月薪只有一百蚊咋！一般市民買唔起電視，於是涼茶舖嘅老闆諗到『如想睇電視，就入嚟飲涼茶』呢條絕世好橋！雖然每飲一杯涼茶，只可以睇半個鐘電視，但好多街坊們都為咗睇電視，都排隊入去飲涼茶喇！」

鍾女聽了後，好奇地問：「點解宜家無呢？」

Cash 太笑了笑，說：「因為飲涼茶根本唔需要坐咁耐，好似宜家，你飲完都可以走喇！要睇電視不如返屋企睇！你話涼茶舖要電視係咪多餘呀？」

嫲嫲問：「咁嗰時有咩節目睇呀？要唔要俾錢睇？」

Cash 太回答：「當時一個星期只係播 28 小時節目，安裝費 25 元，月費 55 元，對當時嘅人確實係相當高嘅消費，而粵語長片同埋美國大電影，係電視台晚上黃金時間嘅重頭節目，對當時市民都真係幾吸引。直到 1967 年，無線電視面世，咁啱嗰年香港暴動，市民唔敢出街，留喺屋企睇電視，都帶動咗電視機嘅銷量㗎！到咗 1969 年，播放時間就擴展到每星期播放 160 小時節目。節目種類亦多咗唔少，有賽車、國語片、新聞報告、鋼琴表演、體育節目等……我哋細嗰時，個個都係電視汁撈飯大㗎！」

蒕嬅好奇地問：「訂（電）視汁？」

大結局之日，商場活動都要讓路！

Cash 太哈哈大笑，說：「即係一路睇電視，一路食飯囉！媽咪最難忘《觀樂今宵》嘅處境劇《蝦仔爹哋》；『五虎將』劉德華、梁朝偉、黃日華、湯鎮業同埋苗僑偉嘅電視劇代表作；華仔同埋陳玉蓮嘅《神雕俠侶侶》，就算後來陸續有被翻拍，但是都無辦法同華仔、陳玉蓮版媲美㗎；仲有黃日華同埋『俏黃蓉』翁美玲主演嘅《射雕英雄傳》，真係經典啊；至於梁朝偉嘅《香城浪子》、《鹿鼎記》、《新紮師兄》、《倚天屠龍記》；周潤發嘅《上海灘》、《網中人》等等，當年播大結局時，成條街靜晒無人行，因為人人都留喺屋企睇大結局囉！連大商場要搞產品宣傳活動，都要避開劇集大結局

嘅日子，怕到時無人出街，會場拍烏蠅啊！」

盉嬸嘩了一笑，說：「嘩，咁誇張嘅！」

公仔箱走出來的影壇巨星

Cash 太繼續托著腮，緬懷過去：「當時電視劇熱播，捧紅咗好多明星，佢哋後來仲衝出公仔箱，成為今日嘅電影巨星呢！例如周潤發、周星馳、張家輝、古天樂、梁朝偉、劉德華、劉嘉玲同埋張曼玉等等。佢哋當年都係茄喱啡一名，喺電視台由家丁、死屍呢啲閒角做起，佢哋慢慢捱上去，抓緊每一個機會做好演出，先有今日嘅成就。佢哋勤奮拚搏、自強不息，就係香港精神喇！點似得宜家啲後生仔，個個都想不勞而獲，唔肯捱但又要求多多，怨天怨地啊！」

今時唔同往日喇！

盉嬸拍拍 Cash 太嘅膊頭，說：「今時唔同往日喇！宜家唔同以前，巧（好）多嘢都唔同晒！你話以前個個訂（電）視汁撈飯，宜家就訂（電）腦汁撈飯，你睇 Chok 男一日到黑都對住部訂（電）腦就知啦！」

Cash 太搖頭嘆息，說：「唉，以前趕住放工返屋企睇電視，宜家邊駛啊！上網隨時可以睇番，仲可以睇到香港以外其他國家地方嘅電視電影。電視台亦唔止無線，仲有亞視、有線、仲有好多寬頻電視頻道，又有各間電視台因應數碼廣播而加開嘅頻道，競爭大咗，觀眾唔睇你個台，仲有其他選擇；就算唔睇電視，都仲有

其他娛樂，宜家電視台成日要諗計留住啲觀眾，收視一跌，就要搞好多宣傳活動去救亡，真係今時唔同往日喇！」

收視點樣計出來的？

「收視係點計喋，雜誌話，呢套卡通片有成 25 點收視，即係多唔多人睇呀？」鍾女指著雜誌的電視節目表問。

「之前兩間電視台就收視問題有拗撬，鬧到要發律師信，我都有去研究過究竟收視係點計嘅。收視調查公司會精選 650 個家庭，人數約為 2000 人（每個家庭不只 1 人），喺佢哋屋企安裝『電視收視記錄儀』，記錄每秒電視開關、收看頻道及轉台嘅情況。香港可以觀看電視嘅人口約為 693.6 萬人，但收視調查公司只會計算當中 4 歲以上嘅人口（約為 648.2 萬人），因此，香港地區一個收視點代表 64,820 名觀眾。假設某電視節目有 30 個收視點，即代表約 194 萬 (30%) 收看該節目喇！」

孻孻問：「如果電視台派人日日夜夜去冚呢 650 個家庭睇佢個台，未（咪）可以做到高收視囉？」

鍾女接住問：「點樣揀呢 650 個家庭喋！不如揀我哋呀，我哋屋企日日開住電視，成家都鍾意睇電視，都好有代表性喋！」

Cash 太擺擺手，連忙說：「唔好一輪嘴問，我慢

慢答。呢 650 個家庭係經過嚴格挑選，名單保密，只有收視調查公司知道，所有電視台同埋廣告商唔知㗎，一旦收視戶曝光，就會換過另一批家庭。即係話，即使有人命令，全公司返屋企齊齊睇某個台，對呢個台嘅收視都無幫助㗎！」

Cash 太喝了一口涼茶，再說：「鍾女，你頭先話想做收視戶，唔係想做就做到㗎！要由收視調查公司主動邀請㗎！收視調查公司會做兩次調查，每次發出約 5000 份問卷，從收回嘅問卷當中，收視調查公司會精挑細選出一批收視戶出來。喺得到家庭成員同意後，收視調查公司會上門為每部電視機安裝儀器。」

蘊嬸又問：「如果有收視戶閂咗嗰個調查裝置，收視調查公司咪收集唔到收據囉？」

Cash 太點了點頭，說：「哦！呢個調查裝置仍然要人手操作，如果收視戶唔記得撳掣，或者閂咗部機，都好大件事！因此，收視調查公司會進行突擊檢查，例如突然致電收視戶，問佢哋當時睇緊咩電視節目，提醒佢哋要撳掣；又會提供培訓，等佢哋知道撳掣嘅重要性，如果公司 Check 到某個家庭屢次都無按指示做，就會撤換㗎喇！」

每個人心中都有
他的米芝蓮

自從薀叔薀嬸宣佈要補辦喜酒，呆佬 Cash 太出心出力。

試禮服期間，薀嬸看到老公瀕臨地中海，忍唔住高呼大叫：「鬧（老）公，你頭殼頂越嚟越光啦！到時影婚紗相，點算啊？」

「鏡頭邊影到我頭殼頂呀？」薀叔再照一照鏡，續說：「我已經轉咗好多隻洗頭水，但係都無好轉，甩吓甩吓遲啲就真係變地中海喇！」

「薀叔，係咪呢排為咗擺酒，好大壓力啊？錢銀有問題，你大佬可以幫到手喎！」Cash 太關切地問。

「擺酒嘅錢，我無問題！其實呢排都無乜壓力，工

作亦好輕鬆，無乜加班。」蓏叔回答。

「有時唔一定工作壓力導致脫髮，食嘢都有影響，宜家出街食，有邊間唔落味精㗎？食得多味精，會引致脫髮㗎！」呆佬說著，也摸摸自己頭上逐漸變稀嘅髮絲。

「唉，開得食肆，就要用真功夫煮食，一味靠味精，食壞人之餘，亦都浪費食材。」Cash 太撓起雙手埋怨。

沒有味精的年代

「真係懷念以前跟阿爸去大牌檔打冷嘅日子，師傅個個靠真功夫，好有鑊氣，炒過嘅葱都特別好食！宜家好多食肆用梳打粉醃製，令急凍咗幾日嘅蝦都可以雪白爽口彈牙，但以前好多大牌檔師傅寧願選購成本高嘅新鮮蝦，用真材實料贏取口碑。」呆老一邊說一邊舔舌頭。

離開婚紗店，四人打算喺附近搵間餐廳醫肚。

佢哋走到士丹利街，Cash 太一見到有大牌檔，即興奮得大叫：「老公，你話好懷念大牌檔打冷嘛，前面有間啊！」

火爐邊的真功夫

呆佬說：「係喎！我都好耐無食，自從政府開始市區重建，唔少大牌檔嘅小販牌照被收番，部分因為咁而結業，之後我都無乜食過大牌檔喇！宜家全香港得返28 間大牌檔咋！主要集中喺中環士丹利街、吉士笠街、

美輪街、伊利近街、結志街、大坑安庶庇街、深水埗耀東街、石硤尾街，同埋基隆街。」

蒕嬅說：「嘩！大伯，你背到晒出來咁犀利！」

呆佬笑笑口說：「我係的士佬嘛，香港大小街道有咩舖頭有咩嘢食，都難唔到我！況且……大牌檔已買少見少，遲啲你問我，我都講唔出喇！回想返上世紀六、七十年代，係街邊大牌檔最興旺嘅年代，街頭巷尾梗有一間喺咗近。香港仲未有海隧通車時，一啲大牌檔著名嘅撚手招牌菜，會吸引到好多食客不惜坐船渡海長途跋涉去幫襯。仲記得當年上環三角碼頭皇后街臨近海邊嘅大排檔，每逢入秋，食檔就擺滿街道兩邊，獨創嘅羊肉煲最煞食，等位嘅人一直排到海邊一帶，幾壯觀啊！」

Cash 太笑說：「大牌檔食嘢好有意思，佢哋炒菜火爐夠猛夠大夠力，炒出嘅小菜夠鑊氣夠新鮮。顧客坐喺火爐鐵鑊旁，一邊等一邊睇師傅炒菜，幾得意喫！」

大牌檔點解叫大牌檔？

蒕嬅靈機一觸，問：「噢！棄（係）咪因為成日『大排』長龍，所以叫呢啲做『大排』檔？」

呆佬哈哈大笑，說：「你都幾有創意喎！咁都俾你諗到。不過，大牌檔之所以叫大牌檔，唔係成日大排長龍，而係上世紀 50 年代起，政府發出『固定攤位小販牌照』規管，相比其他路邊攤檔，大牌檔嘅牌照係一張大紙，須要裱起嚟，掛喺當眼處，因而稱為『大牌（大

▲路邊大牌檔

牌照）檔』。『檔』就係類似『店舖』嘅意思啦！」

　　Cash 太補充說：「大牌檔點解叫大牌檔，已經好少人知道，好多人仲誤以為係『一大排人食飯』嘅意思，所以，有人將『大牌檔』寫成『大排檔』。」

<h3 style="text-align:center">開嚟——幾多錢？</h3>

　　鵮嬅問：「哦，原來係咁！其實大牌檔有咩特色呀？」

　　呆佬說：「大牌檔多數由鐵皮同木板砌成，顏色以綠色為主，部分上蓋只係由綠色帆布搭建，傳統大牌檔亦好少以紙張落單，客人點餸之後，埋單就照碗碟顏色同數量計錢，伙計喴一聲『開嚟，幾多錢』，意思係『嚟啦，幾多錢』，然後由老闆直接收錢。」

　　Cash 太說：「大牌檔食物種類繁多，中西兼備，中式有小菜、炒粉麵、潮式粉麵、白粥油條等，西式的有多士、三文治、港式絲襪奶茶、咖啡、鴛鴦等，亦有

紅豆沙、芝麻糊等中式甜品。」

�孀說：「咁同茶餐廳無咩分別喎！」

Cash 太說：「唔同，早期每家大牌檔多數專賣一種食物，一連幾間一齊經營，客人在一檔坐低點燒味飯，可以喺另一檔要一杯奶茶，再喺第三檔叫甜品。呢種方式，成為香港茶餐廳嘅雛型。」

冬姑亭 V.S. 大牌檔

蒲孀四周張望，說：「呢間大牌檔，好似同我哋屋企樓下嘅大牌檔，有啲唔同......」

蒲叔呢個時候才開口說：「老婆，唔同㗎！1972年，香港政府宣佈十年建屋計劃，由政府興建廉價房屋，該計劃嘅後期出現俗稱冬菇亭嘅熟食店舖設計，經營方法同大牌檔相似，但店舖唔再係木板鐵皮包箱，而係固定位置，不過我哋都統稱為『大牌檔』。」

蒲孀說：「噢，即棄（係）冬菇亭棄（係）新式嘅大牌檔喇！」

呆佬說：「可以咁講，冬菇亭係公共屋邨一種設施，正名係熟食亭，係一個四方形、尖頂嘅小型建築物，屋頂中間有個拱形排氣口，因為外形似冬菇，所以又叫『冬菇亭』。不過喺九十年代起，房屋署已經停止興建新熟食亭，2001 年房委會推出自願放棄計劃，租戶若放棄經營，可即時收到 25 萬港元津貼；如果揀繼續經

營，房署會重新安置租戶搬去商場嘅美食廣場，陸續取締啲熟食亭。而 2005 年由領匯管理嘅冬菇亭推行翻新計劃，重整排污及電力系統，採用一亭一店制，並要申請餐廳經營牌照，先可以獲准租用。」

▲ 冬菇亭

「大排檔係我心目中嘅米芝蓮！」

呆佬自信地說：「可以咁講，大排檔係我心目中嘅米芝蓮！我認為食物、氣氛、質素，係米芝蓮三寶，無一樣都唔得！大牌檔，一啲都唔輸蝕過五星級餐廳㗎！」

Cash 太舉起餐牌說：「好啦，難得來到六星級餐廳食飯，我請客啦！」

呆佬望望老婆，說：「你請，咪即係我請！」

斟茶的手勢

用手指說「唔該！」

「喂！你哋兩個，薀孀沖茶俾你哋啊，唔該都無句！」Cash 太大聲喝斥。

鍾女忙於吮著一隻雞腳，Chok 男嘴巴則塞著一個叉燒包。

Chok 男連忙把吞剩的叉燒包吐出來，埋怨著說：「媽咪啊，我個口食緊嘢，點講『唔該』......」

「無口講『唔該』，可以用手勢代替嘛！」Cash 太說完，示範舉起食指同埋中指，輕輕在桌上敲咗三下。

鍾女亦試著舉起食指同埋中指，輕輕在桌上敲了三

下，然後問：「咁就代表『唔該』？」

呆佬放低報紙，說：「係啊！呢個手勢就係代表『唔該』，有典故㗎！」

譖嬸搶著說：「我知道！老一輩人認為滿口都棄（係）食物，仲張開口講『唔該』，會巧（好）失禮！如果打開手掌、以「停止」動作表示又巧（好）無禮貌，所以佢哋發明咗以敲桌當作回禮嘅做法。」

呆佬點頭說：「你哋爺爺以前講過俾我聽，有三個典故㗎！譖嬸講中咗其中一個，第二個典故係源於清代乾隆微服南巡廣東，到一家茶樓飲茶，當地知府知道咗，怕出意外就只好派人到茶樓護駕。突然，乾隆為知府倒茶，知府想叩頭答謝，但又怕揭穿咗皇帝嘅身份，佢靈機一動，彎起食、中、無名三指喺桌面輕敲三下，表達三叩之禮。呢件事傳開後，人人都以呢個動作來表達謝意。」

Cash 太說：「我聽過另一個版本，主角同樣係乾隆，當時淞江一帶係以長嘴茶壺來沖茶，掌櫃高高舉起長嘴茶壺倒咗三杯茶，三杯倒完不但沒有一滴茶瀉到枱面，而且三杯茶嘅份量都一模一樣。乾隆見到好興奮，還要親自試一下用長嘴茶壺倒茶，他隨即為兩名太監倒茶。兩名太監嚇咗一大跳，但又怕揭穿皇帝身份，於是以手指輕叩三下代替三叩之禮。」

呆佬夾了一件炸雲吞給 Cash 太，說：「老婆，你

呢個版本咪就係第三個典故囉！咦！薀嬸，你左望右望，睇乜？」

想斟茶？先開蓋！

薀嬸皺著眉，說：「我想揮手叫侍應嚟倒茶啊！」

Cash 太說：「唔駛啦，你將茶蓋打開，侍應就自動自覺嚟加水啦！」

呆佬用紙巾輕抹嘴巴，說：「講起典故，其實揭起蓋先加水呢個動作，都有典故！」

鍾女好奇地問：「咁都有典故？」

呆佬嘆了一聲，說：「成日屈喺的士裡面，好悶㗎，有時遇著一些健談嘅乘客，同佢哋傾計，可以學到嘢。呢個典故，係乘客話我知㗎！話說，清末年間，廣州有一間茶樓，生意很好，吸引不少茶客，亦引來一啲有錢仔來鬥鵪鶉！一啲惡霸想乘機呃錢，偷偷地將鵪鶉放入茶壺裡面，當侍應為佢加水時，鵪鶉被熱水一沖就驚到飛出窗外，惡霸便以嚇走名貴鵪鶉為由，向茶樓老闆索取一筆巨款。」

鍾女身子彈起來，舉手大叫：「我估到喇，件事一傳十，十傳百，以後茶樓就要求茶客先打開茶蓋才肯加水，避免有壞人乘機呃錢！」

呆佬點頭說：「答對，賞你一件鵪鶉蛋啦！」

鍾女呆了一會，說：「鵪鶉蛋咋——！」

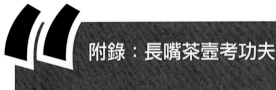

附錄：長嘴茶壺考功夫

　　用長嘴銅壺來沖茶，係四川茶藝的特色之一。茶壺壺嘴長度超過 1.8 米，普通茶壺可以沖 7 碗茶，而長嘴銅壺一次可以沖 30 碗茶。臂力無比嘅沖茶師傅可以高舉茶壺玩出 36 類招式之餘，仲可以倒出 30 碗茶，而滴水不漏，又不會俾熱水燙親！

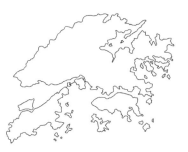

Hong Kong

海陸空
交通篇

由一宗墮海事件說起，帶出香港各類交通工具的冷知識，包括：天星小輪、舢舨、黃包車、巴士、港鐵、電車、小巴、的士。

香港變臭港

　　呆佬翹著二郎腿睇電視，電視正重播緊一套劇集，呢一日劇情正講到女主角不慎墮海，男主角勇救美人。呆佬突然有感而發地說：「做演員真係辛苦喇，你睇，仲要跳海！」

　　Cash 太望著電視機，說：「跳海都唔辛苦，跳入污糟邋遢嘅維多利亞港，就辛苦喇！隨時惹到皮膚病啊！」

渡海泳續辦無期？

　　鍾女問：「維多利亞港點污糟法呀？」

　　Cash 太打了一下冷震，說：「諗起都毛管戙，早排有調查發現，維港裡面有好多垃圾，例如膠袋、紙包

飲品、膠樽、玻璃碎片，
連電路板都有啊！維港海
水含菌量仲好高！以前香
港有一年一度嘅渡海泳，
由尖沙咀鐵路碼頭游到皇
后碼頭岸邊。除咗日本仔

▲ 渡海泳

打香港嗰段時間停辦之外，每年都有搞。不過後來維港
水質越來越差，1973 年就正式停辦喇！」

呆佬說：「所以你話演員被迫跳海，係慘過酷刑！」

臭港除名有期？

Cash 太說：「不過，又唔好講到咁灰！2001 年
第一期污水廠落成之後，海港水質已經有明顯改善。有
研究話細菌含量已大幅減少。之後昂船洲污水廠嘅消毒
設施亦令水質大大提升，相信渡海泳好快可以續辦。」

鍾女說：「好，到時續辦渡海泳的話，我要做首屆
參賽者！」

突然，房內傳出 Chok 男嘅笑聲：「慳啲啦！你咁
怕水，頭潛入水底都瓜瓜嘈，仲話玩渡海泳！我怕到時
係渡海泳舉辦以來首名浸死嘅參賽者！」

鍾女衝入 Chok 男房作勢要打佢。

天星小輪的集體回憶

Cash 太說：「維港嘅水質的確一日比一日好，至

少我宜家坐天星小輪嘅時候，迎面吹過來嘅風清新咗好多！維多利亞港係香港嘅標記，好多旅客嚟香港，都係想欣賞維港景色。如果由得佢臭落去，咪等於趕走啲旅客？」

呆佬點頭說：「啱，政府喺美化維港方面都出咗唔少力，之不過……保得住維港，唔知保唔保得住天星小輪呢？」

Cash 太問：「點解咁講？」

呆佬碌大隻眼說：「天星小輪由紅磡至中環、紅磡至灣仔兩條航線已經停辦咗，賺唔到錢嘛！每日客流量好少，非繁忙時段乘客少到得十幾人咋！其他航線唔知捱唔捱得住……好多地方巴士小巴港鐵都覆蓋到，天星小輪真係越來越難做……」

天星維港遊

Cash 太說：「天星小輪都諗緊辦法生存落去，例如『天星維港遊』，就係天星小輪喺渡輪服務以外加咗一條海港遊牌照航線，專做旅客生意，以尖沙咀作起點並以循環形式喺一個鐘頭內駛經中環、灣仔及紅磡後再返回起點，主要係俾遊客可以以更多角度欣賞維港景色。仲有一種觀光船，分別叫『鴨靈號』同『張保仔號』，兩艘船都係仿古嘅木造中式帆船，有大紅色嘅帆揚喺維港上，配合維港兩岸嘅繁榮霓虹，五光十色，真係有時空交錯嘅感覺！天星小輪成百幾年歷史，係香港

人嘅集體回憶！我哋要搭
多啲天星小輪，支持吓至
得！」

▲ 天星小輪

鍾女從房間走出來
問：「天星小輪百幾年咁
耐喇？講多啲天星小輪嘅
嘢俾我聽啦！」

Cash 太與呆佬眼望望，Cash 太說：「我哋知道嘅
都唔多，不如我哋一齊上網查吓啦！」

鍾女二話不說，就拖著媽媽到 Chok 男電腦面前，
說：「媽咪，上網上網！」

Chok 男大聲投訴：「喂！人哋上緊 Facebook 㗎，
遲啲用唔得咩？」

鍾女又大聲回應：「唔得唔得！」

Cash 太無晒符，唯有用搜尋器查一下有關天星小
輪嘅資料。

海上的十二顆星星

Cash 太指著螢光幕，說：「嘩！因為香港島同九
龍之間隔住維多利亞港，需要有渡輪服務去維持兩岸嘅
交通，1888 年左右，一個波斯拜火教教徒盧先生創辦
咗『九龍渡海小輪公司』，提供渡輪來往尖沙咀同中環。
1898 年九龍倉收購『九龍渡海小輪公司』，並將佢改

名為『天星小輪公司』。」

　　企喺 Cash 太後面嘅呆佬也補充說：「網站話，天星小輪好架勢！曾經被『國家地理旅遊雜誌』列為『人生 50 個必到景點』之一，又獲美國旅遊作家協會評選為『全球十大最精彩渡輪遊』之首，旅客只要花費唔超過 10 蚊，就可遊覽維港。船隊中十二艘小輪均為傳統雙頭式設計，船身顏色係上半白色、下半綠色，而船頂嘅煙囪上有四粒星做裝飾。十二艘小輪都係以『星』字命名，分別有：曉星號、晨星號、夜星號、金星號、世星號、天星號、熒星號、銀星號、北星號、午星號、日星號、輝星號，仲有兩艘已退役嘅小輪：電星號、耀星號〔註 1〕。」

　　鍾女說：「點解要全部小輪都有個星字嘅？」

　　Chok 男不屑地說：「網站咪寫咗囉，唔識字啊？因為『天星小輪』嘅創辦人係拜火教徒，『星』字喺拜火教裡面代表光明同埋純潔，係備受波斯火教徒尊崇嘅星象。」

　　鍾女說：「頭先媽咪你話『天星維港遊』，天星小輪網站上面有航班表，7:55p.m 至 8:55p.m 有『幻彩詠香江』維港遊，票價包埋食物同埋飲品，我哋今晚一齊去啊！一齊去啊！」

　　Cash 太說：「鍾女，你唔記得喇，我哋今日要去外婆鴨脷洲嘅屋企食飯，去唔到『天星維港遊』喎......」

鍾女失望地說：「吓......無得去......」

Cash 太摸摸鍾女嘅頭，說：「去唔到『天星維港遊』......不如探完婆婆之後，去香港仔避風塘搭舢舨，好唔好？」

避風塘的舢舨遊

鍾女眼睛閃出亮光，說：「坐舢舨？」

Cash 太說：「香港有幾種渡海小輪，天星小輪係其中一種，另一種渡輪叫『街渡』，係專為偏遠沿海小村提供渡輪服務，來往返大嶼山、坪洲、長洲、南丫島及其他離島等交通唔方便嘅地區。仲有一種喺香港仔避風塘，提供來往香港仔至鴨脷洲嘅街渡服務，即係傳統舢舨，好多外國遊客來到香港都專程去搭舢舨㗎！」

鍾女嘟嘟嘴說：「好啦好啦......但下星期要去『天星維港遊』！」

呆佬笑笑口說：「好啦！皇帝女！」

註 1：曉星號 (1964)、晨星號 (1964)、夜星號 (1963)、金星號 (1989，現時用於天星維港遊)、世星號 (1989)、天星號 (1956，使用最久的現役小輪)、熒星號 (1964)、銀星號 (1965)、北星號 (1959)、午星號 (1958)、日星號 (1959)、輝星號 (1964，現時用於天星維港遊)，另有兩艘已退役小輪：電星號 (1933，已退役)、耀星號 (已退役)。

(括號內的年份是小輪開始航行的年份)

等價交換

　　近年來，單反相機漸漸成為一眾潮人的心頭好，Chok 男亦好想有一部，但單反相機並不便宜，呆佬和 Cash 太早已企硬 Say No，說明不會給予任何資助，Chok 男唯有自己想辦法。

　　Chok 男閉關了一整日，終於想到一條好橋，就是變賣自己儲了多年的高達模型。但高達模型個個都已絕版，絕不可以這麼輕易送出去，於是 Chok 男在 Facebook 搞了一個香港交通工具的有獎問答遊戲，答中者可以用五折購買佢珍藏多年的絕版高達模型一個。

　　Facebook 網友中不少都是高達迷，但擁有這麼多絕版貨色的就只有 Chok 男一個，Chok 男今次以超筍

價放售，引來好多網友熱烈參與。

各位讀者，大家有興趣加入戰團嗎？

1. 載客量最多的巴士是：＿＿＿＿＿＿＿＿＿＿

2. 最大規模的巴士維修廠是：＿＿＿＿＿＿＿＿＿

3. 最繁忙的邊境管制站是：＿＿＿＿＿＿＿＿＿

4. 最繁忙的兩線過海隧道是：＿＿＿＿＿＿＿＿

5. 最貴的自選車牌是：＿＿＿＿＿＿＿＿＿

6. 最早有雙層巴士是哪年？＿＿＿＿＿＿＿＿＿

7. 最大的酒店勞斯萊斯車隊：＿＿＿＿＿＿＿＿

8. 首個使用 FeliCa RFID 晶片及其他相關技術用於公共
   運輸工具收費系統：＿＿＿＿

9. 最大規模的索道系統：＿＿＿＿＿＿＿＿＿

10. 香港最古老的交通工具是：＿＿＿＿＿＿＿＿

11. 人 力 車，又 稱 黃 包 車，幾 時 引 入 香 港？
    ＿＿＿＿＿＿＿＿＿

答案：

1. 載客量最多的巴士：九龍巴士，每日的載客量多達
   300 多萬人次。

2. 最大規模的巴士維修廠：九巴在屯門的總修中心，
   其規模之大已列入健力士世界紀錄大全。

3. 最繁忙的邊境管制站：羅湖，估計每日多達三十二
   萬人次過境。

4. 最繁忙的兩線過海隧道：紅磡海底隧道，是世界上
   最繁忙的 4 線行車隧道之一，也是香港最繁忙、使
   用率最高的道路。然而，因其舊式設計，只有雙程
   雙線行車，早於通車 10 年後行車流量已經飽和，往
   港島方向每天上下午繁忙時間，尤其是早上 8 點至
   10 點，出現擠塞情況已是家常便飯。

5. 最貴的車牌：9 號，1994 年由楊受成以 1,300 萬港
   元投得。

6. 1912 年。第一輛電車的啟用儀式是在 1904 年 7 月
   30 日舉行，當時只得單層。到了 1912 年，改裝成
   雙層，在上層四周加設金屬欄杆圍繞，橫排數行木
   座椅，無上蓋，非常通爽。因為乘客可以居高臨下，
   另一番享受，觀景較佳，故上層闢作頭等用。但因
   上層無遮蓋，乘客在天氣惡劣時根本不能安坐，每
   逢下雨，乘客雖付頭等票價，卻要走到下層避雨。

於是電車公司很快便在上層加上帆布帳篷；此類加上帆布帳篷型的電車就是 1918 年啟用的第三代電車。

7. 最大的酒店勞斯萊斯車隊：半島酒店，自 1970 年來已購置 50 輛勞斯萊斯汽車。

8. 八達通。

9. 最大規模的索道系統：昂坪 360。

10. 山頂纜車。在一般人的眼中，也許以為電車才是香港最古老的交通工具，它慢慢悠悠在港島行駛了近百年，近百年的風風雨雨他還保存下來，令人驚奇不已。但是令人驚訝的是，香港保留了更古老的山頂電纜，比電纜車還要古老 17 年。

11. 人力車始創於日本，1874 年首先由日本引進香港，因為車身的漆布摺篷或座椅髹上黃色，當拉下摺篷以蔽風雨和日曬時，形狀似個「包子」，故此又叫「黃包車」，曾經是港九的主要交通工具。顧客只要向他們招手，喊一聲「車！」便會有幾輛人力車走前來，向你討價還價，講妥價錢，誰願意，誰就接你上車，很少發生爭執。人力車的收費，在 1930 年左右，比當時乘出租汽車要便宜，車資是每十分鐘一毫，半小時二毫，一小時三毫，一小時以上每小時另計（1937 年時間，三毫可買一斤牛肉，九龍一層樓租金是十多元到近三十元）。

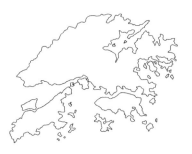

04

Hong Kong

娛樂
消閒篇

由鬼屋打 War Game 說起，帶出香港的消閒娛樂文化，包括：流動小販的傳統美食、二樓書店的沒落、報攤的艱難歲月。

去摩星嶺打野戰

經過連番激戰，槍林彈雨，滿目血紅一片。

目標早已近在眼前，但各人都按兵不動，靜靜咁等待機會突襲。

忽然間，有個人影直撲出來！

血流⋯⋯成河⋯⋯

「Yeah！我搶到支紅旗喇！Yeah！我搶到支紅旗喇！」

「老婆，你死咗喇，做乜去搶紅旗啊？」

「係咩？我中咗一槍咋喎？」

「中咗一槍就要趴地扮死㗎啦！」

「係咩，我以為中三槍先至死......」

頓時噓聲四起，十多個穿著迷彩軍人服嘅男男女女從四面八方湧過來，大家都很不滿，其中一人說：「咁點算啊？係咪重新玩過？」

蘊叔脫下頭盔，不停向四周的人道歉：「Sorry！Sorry！我老婆第一次玩 War Game，唔知規矩！」

呆佬亦做和事佬，說：「大家俾面佢係新娘子，原諒佢一次啦！最多到時擺酒封番封大利是俾各位姐妹、兄弟！」

蘊孀尷尬地說：「唔好意思！我請大家食午飯好無？」

Cash 太亦乘機打圓場，說：「係啦，我哋去食飯先啦！食完飯再打過！」

摩星嶺的鬼故事......

玩 War Game 玩了整個早上，眾人都消耗了大量體力，所以特別肚餓，個個三爬兩撥很快已掃清枱上的食物。做得蘊叔蘊孀婚禮的兄弟姐妹，都是認識了十幾年的朋友，剛才蘊孀擺烏龍的事，大家已無放在心上。

大家都飲飽吃夠之後，蘊叔見有點悶，便突然扮鬼叫，還反著白眼地說：「大家知唔知道摩星嶺嘅鬼故......？」

蘊孀打了老公一下，說：「呢度棄（係）摩星嶺嚟

喫！唔巧（好）啩，等我離開咗先講喇！」

Cash 太興奮地說：「我哋咁大排人，唔怕啦！蘓叔，快啲講！」

蘓叔笑了一下說：「摩星嶺山上面有一個二次大戰時遺留嘅碉堡，傳聞某個周六黃昏，有一班年輕人上山打野戰，當佢哋到達摩星嶺之後，天色已經差唔多全黑，佢哋戴住夜視鏡就開始大戰啦！其中一人匿埋喺碉堡內一處隱蔽地方，用夜視鏡觀察四周環境時，發現鏡頭中見到遠處人頭湧湧，但用肉眼就乜都睇唔到。初時以為自己眼花，但再仔細一望，發現嗰班人係身穿二次大戰時嘅日本軍服！當時 War Game 嘅戰事仲未結束，啪啪聲嘅氣槍聲此起彼落。嗰個人見到有自己隊友好興奮咁舉起槍向遠處一個「敵軍」掃射，但奇怪嘅係......子彈竟然可以直接穿過嗰個人嘅身體......佢知道自己撞鬼喇，而嗰個中彈嘅靈體亦發現咗佢，仲向佢衝過來，佢好驚，掉頭就走，拼命咁走，忽然耳邊隱約傳來一把聲音話：『過嚟呢度啦，我會睇住你！』佢向聲音嘅方向一望，見到嗰度有幾十個被棄置嘅神位，佢無得揀，走咗埋去，果然，靈體無再追來，而佢好快亦匯合咗 War Game 朋友離開摩星嶺喇！」

Cash 太問：「咁透過夜視鏡睇人頭湧湧，其實係......？」

蘓叔說：「成隊日軍喺度軍操啊！估計係二次大戰

時陣亡嘅日本兵。第二日，嗰班人再度上山⋯⋯」

蠱孀碌大隻眼，好奇地問：「仲去？唔怕又撞鬼咩？」

蠱叔說：「你唔記得咗邊個出手相救？如果唔係神靈出手幫忙，佢哋都唔知有無命離開。所以，佢哋第二日再上山，去到嗰幾十個被棄置嘅神位拜祭，先至心安理得咁離開。」

呆佬拍拍手，說：「好喇，各位！故事就講完喇，大家又食飽喇，開始下半場囉！」

但眾人你眼望我眼，個個唔出聲，Cash 太終於忍唔住，顫抖地說：「聽完蠱叔個鬼故之後，個心都寒晒，不如下次先再玩啦！宜家成四點，玩到嚟都五、六點，咪搞！」蠱孀也舉腳贊成。

呆佬不滿地說：「咪生人唔生膽啦！」

其他人亦紛紛加入 Cash 太嘅陣線，提早結束行程。

呆佬無奈亦跟大隊走人，沿途亦埋怨蠱叔：「最衰都係你！講乜鬼故？搞到下半場都打唔到喇！」

"

香港有好多鬧鬼嘅地方，我蘊叔為大家挑選咗以下五個鬼地方：

1. 東城戲院

呢度前身係「萬國殯儀館」。傳聞，有女觀眾去廁所照鏡，見到隔離企咗一個女人，好奇一望，點知個女人無五官㗎！鏡裡面亦無佢個樣！另一段傳聞仲得人驚，呢間戲院經常「全院滿座」，但套戲一播完，開晒燈，密密麻麻嘅「人」就一下子唔見晒！

2. 辮子姑娘

傳聞中文大學有個束住辮子嘅女生，因為俾男朋友拋棄，一時睇唔開喺校園裡面吊頸自殺，自此，自殺現場經常有個無臉嘅白衣女鬼專捉男生來問：宜家幾多點……

3. 大頭怪嬰

話說六十年代，有個 BB 喺中區半山醫院出世，BB 個頭比大人仲要大三倍，頭上面生滿眼睛，力大無窮，仲好凶惡！接生嘅醫生同埋護士都當場嚇到暈咗，生佢嘅母親仲慘，佢內藏都俾個大頭 BB 食晒！有傳，大頭怪嬰俾港英政府捉咗去研究……

4. 高街鬼屋

位於港島西營盤嘅高街鬼屋，二次大戰期間係日軍

用來屠殺平民嘅刑場，大戰結束之後就改建成為一間精神病院，精神病人通常係有入無出，喺裡面等死！所以令呢棟建築物變得更恐怖！據講，好多駕車人士經過高街鬼屋，都會聽到裡面傳出慘叫聲。

5. 屯門公路

屯門公路自建成以來就以三多聞名：車禍多、死者多、連環相撞多。話說，有巴士司機駛經汀九橋時，見到巴士上層全部都係白衣人；而另一個傳聞話，有的士司機喺公路上撞到人後，但落車一睇，發覺傷者竟然係一個紙紮公仔。

哇！
我好驚喎！

式微中的行業

嘎嘎……嘎嘎……

嘎嘎……嘎嘎……

耳邊突然響起嘎嘎的怪叫聲，鍾女聽得毛管戙……佢四圍望房間四壁，見無異樣，以為自己聽錯，於是又繼續專心睇新買返來嘅鬼書。

嘎嘎……嘎嘎……

嘎嘎……嘎嘎……

鍾女嚇到個心仆仆咁跳，佢肯定今次無聽錯，但怪聲喺邊度傳出來？

有老鼠？唔係啩！

鍾女企起身，戰戰競競、躡手躡腳咁周圍巡視……

「嘩呵——！」戴著「奪命狂呼」面具嘅 Chok 男突然喺被窩裡霍地鑽出來，向鍾女嗤嗤怪叫，鍾女被嚇得高聲尖叫。Chok 男見鍾女哇哇大喊，繼續落井下石，仲笑佢無膽就咪學人睇鬼書！

鍾女衝出房間跟母親鬧彆扭，繼續拼命哭叫，呆佬知道係 Chok 男扮鬼整蠱鍾女，怒火中燒，捲起雜誌追打 Chok 男，一邊打一邊鬧。

「衰仔，人嚇人無藥醫㗎！」呆佬扭著 Chok 男嘅耳仔，將佢強行拉到鍾女面前，喝道：「衰仔，快啲氹返個細妹！」

「鍾女，玩吓啫，咪咁小器啦，最多請你食雪糕喇！嗯嗯嗯！鍾女，你聽吓，雪糕車鈴聲啊，雪糕車駛到樓下喇，我同你落去買雪糕啦！」鍾女一聽 Chok 男請自己食雪糕，便立即入廁所洗臉，跟住 Chok 男出門。

臨出門之際，呆佬突然叫停：「等埋我，我陪你哋落去，我要睇住 Chok 男，咪俾佢乘機蝦個細妹！」

回味無窮的傳統小食

Chok 男奔向雪糕車，叫了杯雲呢嗱雪糕，雪糕車叔叔按住軟雪糕嘅裝置，靈活地將雪糕筒繞三四數圈。Chok 男將軟雪糕遞俾鍾女，說：「鍾女，當係賠罪啦！」

鍾女伸手搶過雪糕，不屑地說：「一杯雪糕就當賠

罪，無咁易！」

呆佬想做「和事佬」，於是說：「鍾女，你想要乜，我要 Chok 男用零用錢買俾你！」

鍾女一邊舔著雪糕，一邊說：「我要食噹噹糖、龍鬚糖、糖蔥薄餅，同埋吹到成個波咁嘅棉花糖，即係上次喺工展會食嗰啲！」

Chok 男面有難色，說：「嘩！上次工展會以傳統街頭小食做主題，先有機會食到，平時好難買到㗎，除非撞啱有流動小販賣喇！」

鍾女嘟起嘴巴說：「你唔買俾我，我唔原諒你！」

呆佬拍拍鍾女膊頭，說：「鍾女，諗過第二樣啦！你頭先講嘅傳統小食，真係好難買到！」

鍾女問：「點解呀？咁好食......」

傳統小食的沒落

呆佬說：「以前啲人生活艱難，又無乜機會讀書，點謀生呢？佢哋識整小食，就托住擔挑，又或者推住車仔周圍賣小食，例如麵粉公仔、麥牙糖、大菜糕、噹噹塘、棉花糖、飛機欖、馬仔、蛋散、糖水、粿蒸糭、龍鬚糖、糖蔥薄餅等等，後來政府嚴打無牌熟食小販，街頭小販一係停業，一係搬入商舖。」

鍾女說：「搬入舖頭仲好啦，唔駛日曬雨淋！」

呆佬搖搖說：「喺街邊賣小食，成本低，小販會落足心機喺食物上面。但搬入商舖後，租金無十萬都八萬，要賣幾多塊糖蔥薄餅，先夠錢交租，好多頂唔住都執咗笠喇；能夠做落去嘅舖頭，都要諗方法生存，例如將小食嘅製作過程簡化，務求大量生產，增加銷量，同以前街頭小販慢工出細貨嘅味道已經無得比！」

▲ 棉花糖

▲ 麵粉公仔

Chok 男補充說：「呢啲傳統小食已經變成香港人嘅集體回憶，只有大時大節，先有機會見到佢哋出場，懷舊一吓！」

▲ 糖蔥薄餅

細數夕陽行業

呆佬說:「唔止傳
統小食,有好多傳統行
業已慢慢式微......」

▲ 擦鞋

Chok 男搶著說:
「我知,好似頭先嗰啲
雪糕車啦、街頭幫人寫
信啦、擦鞋啦、磨較剪
磨刀啦、幫人補鞋補煲
啦。」

呆佬點點頭,說:
「遲多十年......唔駛十
年,呢啲行業就會消失
㗎喇!」

▲ 街頭幫人寫信

▲ 雪糕車

書中仍有黃金屋？

臭~~臭~~臭~~

「臭味喺邊度傳嚟？」蒀孀通屋聞，打開鞋櫃聞聞，打開雪櫃聞聞，打開衣櫃聞聞，打開座廁蓋聞聞，通通聞過，都唔係呢種味！

難道……

蒀孀舉起兩邊手臂，聞聞自己嘅格肋底。呸！剛沖完涼，邊有臭味！

但臭味從何來？

臭味從何來？

蒀孀一邊搖醒老公，一邊說：「鬧（老）公，起身

啦！有奇怪臭味啊！」

藟叔仍未清醒，只咕嚕咕嚕地說：「度完蜜月返嚟......好劫，俾我瞓啦！」

藟嬸仍用力搖啊搖，搖啊搖，不斷哀求老公快啲起身：「鬧（老）公，琴晚落機返到屋企，你都話有股氣味巧（好）古怪，今朝早呢種氣味越來越強烈啊！會唔會有死鬧（老）鼠？我巧（好）驚啊！鬧（老）公——！」

藟叔最終都敵不過藟嬸嘅猛烈搖晃，打了一個大大嘅呵欠就起身。

兩人認為臭味來源都不是來自屋企，於是就打算到樓下管理處了解。

難道俾書壓死咗？

「一定係四樓 C 室，粉婆喺屋企曬鹹魚㗎！」鄰居 A 說。

「佢曬鹹魚曬咗好多年喇，都慣晒囉！呢種臭味係呢幾日先有！」鄰居 B 說。

「我認為係四樓 F 室，報紙明近日執咗個報檔，佢會唔會將賣唔去嘅報紙雜誌漫畫書仔搬返屋企，最後俾書壓死咗啊？」鄰居 C 說。

「乜你咁好想像力啊？俾書壓死！」鄰居 D 說。

　　「唔係講笑！早幾年有個男人喺書倉被廿幾箱書壓死，死咗十幾日先至俾人發現，原來呢個男人係青文書店嘅老闆，青文書店不單止係香港著名嘅二樓書店，仲係出版社，好多作品都攞過『文學雙年獎』㗎，宜家熟悉嘅作家例如陶傑啊、梁文道啊、馬家輝啊都係青文嘅常客。可惜，香港鍾意睇書嘅人越來越少，又唔夠大型書店掙，最後青文捱唔住執笠。但老闆無放棄過，佢將書店全部書搬返自己倉，諗住遲啲東山再起，點知等唔到呢一日，就俾書壓死咗……」鄰居 C 回答。

　　「但係報紙明賣報紙喎，點同啊！點樣儲起啲報紙東山再起啊？況且，報檔可以回紙㗎嘛！」鄰居 D 說。

報紙佬的艱難歲月

　　「咩叫『回紙』？」鄰居 A 問。

　　「『回紙』即係『回尾』，即係將賣剩嘅報紙退返俾批發商，攞返錢。你哋無睇電視咩，早幾日有專題報道，話以前所有賣剩嘅報紙要由報販獨自承擔，賣唔去好慘㗎，夜晚十點、十一點都要周街兜售報紙，賣得幾多得幾多，如果唔係就血本無歸！為咗唔好蝕太多，每間報檔可以派送幾多份報紙，報販有話事權㗎！但《蘋果日報》一面世，佢希望增加曝光率，就向報販加大送貨數量，如果加大咗數量而報販又賣唔去，報販咪好慘！《蘋果》就帶頭容許報販可以『回尾』，派送數量由報館決定，報販賣唔晒，都可以退返俾批發商。跟住

89

其他報紙都陸續效法，於是，所有報紙都可以『回尾』，連雜誌書仔都係，咁報紙明又點會俾賣剩嘅報紙雜誌壓死啊？」鄰居 D 回答。

「唔係俾書壓死，咁會唔會係欠債自殺？之前聽報紙明講，賣報紙好慘，成日收告票，話阻街喝！每日賺到嘅錢都唔夠交罰款！試過一日被拉七次、罰款近五千元，仲未計被充公嘅報紙同雜誌。有時佢甚至要改為晚上開檔來逃避追捕，好似做賊咁！報紙明會唔會欠落好多告票錢，又唔夠生活費，問大耳窿借又還唔到，所以喺屋企自殺？」鄰居 E 又走來搭訕。

「吓——！自殺，唔係嘛，棟樓死過人，仲賣得出？」鄰居 A 說。

「乜你咁衰㗎！咁講嘢！」鄰居 B 說。

「唔係喝，可能真係自殺喝，會唔會報紙明死咗幾日都無人知，屍體發臭，宜家呢啲臭味就係佢屋企傳出來？」鄰居 A 說。

臭味的來源

呢個時候，蘊叔蘊嬸搭𨋢來到大廈大堂，來到管理處，發現大堂已擠滿人群。原來大家都係因為臭味而來，他們正在討論臭味的來源，仲講到手舞足蹈，滔滔不絕，大堂頓變成市集。住客們好像已忘記為了什麼事而來⋯⋯

　　蟲叔大力拍了幾下手掌，當住客靜下來望向佢時，就大聲說：「各位住客，既然大家都估計臭味係四樓 F 室阿報紙明屋企傳出來，仲懷疑佢可能自殺死咗，不如我哋報警先啦，等警察破門入屋咪一清二楚囉！救人要緊啊！」

　　看更馬上回過神來，醒起要報警，立即衝回自己嘅辦公桌打 999。幾分鐘後，警員火速趕到，三兩下手勢已砰嘭破門入屋。嘩！大門破開之後，濃烈嘅臭味迎面撲來，企喺最頭嘅蟲叔蟲嬸幾乎暈倒，其他圍觀嘅住客更即時作嘔。

　　警察無畏無懼，衝入屋四處搜查，但係搵唔到報紙明嘅蹤影，只搵到......

　　一籃發臭發霉久久未洗嘅臭衫！

　　一桶裝滿隔夜餸菜加一個榴槤殼嘅垃圾桶！

　　一盆油膩膩嘅碗碟！

　　幾對發出強烈臭味嘅污糟爛波鞋！

　　還有......

　　相信係幾年都無刷過、黃漬斑斑嘅坐廁！

　　書店報攤滅亡＝文化滅亡

究竟報紙明去咗邊？

　　忽然，一把熟悉嘅聲音傳來：「咁多人嘅？我屋企俾人爆格咩？」

回頭一看，報紙明從人群中窿窿罅罅鑽出來。

一眾街坊你一言我一語咁追問報紙明去咗邊，做乜搞到屋企好似亂葬崗咁。

原來報紙明執咗間報檔後，心情好差，於是回鄉散散心；但臨行前沒有妥善處理屋企一屋垃圾，同埋臭衫臭襪，結果搞到臭氣薰天！報紙明很不好意思，連聲道歉。

「我哋以為你欠債，所以走佬！」鄰居 A 說。

「唔係！報檔執咗之後，心情好差，咪返大陸散心囉！」報紙明答。

「你無事，我哋放心喇！報紙明，你都睇開啲啦！今時唔到往日，宜家又有免費報紙，上網又有得睇報紙，連漫畫都可以上網睇；宜家潮流興喺 iPad、iPhone 睇電子書，一般兩三蚊美金就可以買到本書，仲平過本實體書，唉！書店老闆都結業啦，更何況報攤？想兩餐溫飽都好難啦！其實，報檔好似中區擦鞋匠一樣，政府應該對呢啲歷史悠久嘅報攤發牌管理，如果阻街，咪叫佢哋縮細範圍囉，而唔係趕絕殺絕嘛。」鄰居 D 說。

一眾街坊見報紙明嘅慘況，都動起惻隱之心，於是，由䒷叔䒷嬸帶頭，率領其他街坊，帶埋清潔用品來到報紙明屋企打掃。話咁快，報紙明間屋變得好乾淨，臭味無晒；得到街方嘅支持，報紙明心情好咗好多。

　　薀叔薀嬸提著掃把返屋企途中，薀嬸忽然說：「鬧（老）公，一陣你得唔得閒？」

　　「咩事？」薀叔問。

　　「我想處（去）書局買書，我相信書中自有黃金屋，無論有幾多娛樂消遣都巧（好），始終要花多啲時間讀書，眼界先至會開闊。書店報攤滅亡，等於人類文化滅亡啊！」薀嬸說。

　　「喏！我哋叫埋大哥大嫂、鍾女、Chok 男一齊去買書！」薀叔舉腳贊成。

歷史
文化篇

由雞蛋仔阿伯騙取綜援的事件説起，帶出香港的歷史文化，包括：觀音借庫、跑馬地的悲慘故事、姻緣石、鵝頸橋打小人、當舖九出十三歸、防空洞大變身、長洲搶包山、飄色等。

問觀音借庫
好過攞綜援？

「歡迎大家收睇 9:30 新聞報道，一名老翁向社署訛稱無業，又將月租不足 400 元嘅的食環署攤檔，以每月 6000 元分租圖利，24 年來合共騙取逾 33 萬元綜援金......」

呃綜緩，唔抵幫！

「真無恥，竟然呃綜援！」呆佬一邊看著電視新聞報道，一邊咬牙切齒地大鬧。

「但無錢使又巧（好）慘嘅......」蘊嬸說。

「綜援是納稅人嘅錢，呃納稅人嘅錢就係唔啱！好似之前有個阿伯喺街邊賣雞蛋仔，俾食環署人員檢控，一度有好多市民聲援，點知後嚟被人踢爆佢『講大話』，

聲稱自食其力，原來係綜援戶，11 年來都無申報小販收入，錢銀兩邊收，幾過份啊！」呆佬生氣地說。

「其實，好多人呃綜緩，捉都捉唔晒！」薀叔補充說。

「呃返嚟嘅錢，使得安樂咩？唔夠錢使，咪踏踏實實勤力工作囉！再唔係，去觀音借庫囉，點解要偷呃拐騙呢！呢啲人影衰香港啊！」呆佬火氣未消。

全家去借庫

薀嬸見呆佬越講越火爆，於是扯開話題，問：「觀音借庫？大伯，無用㗎！我之前跟團嚟香港，都處（去）過紅磡觀音廟借庫，之後跟鬧（老）公過大海入賭場，都輸到一乾二淨啊！」

呆佬扭頭回答：「薀嬸，道理好簡單啫！問觀音借庫，有人財運亨通，有人就一貧如洗。如果借庫係用來謀生，就會得到觀音祝福；但如果借庫係用嚟嫖賭，花天酒地，觀音又點會借俾你呢？」

薀嬸點點頭，說：「你講得巧（好）噲！」

Cash 太說：「薀嬸，你下星期夠期要返深圳，不如我哋趁聽日星期日一齊去觀音借庫啊！」

薀嬸搖搖頭，說：「乜唔棄（係）農曆正月廿六日先至棄（係）觀音開庫日子咩？」

Cash 太說：「唔一定㗎！平日都一樣可以借庫，

正月廿六有好多人來借庫，仙童仙女都忙到暈陀陀，未必有時間處理你嘅申請，平日向觀音借庫，就容易得多喇！」

呆佬皺著眉說：「唉，宜家百物騰貴，衣食住行樣樣貴，油價又加，生意越來越難做，我都要去觀音借吓庫囉！」

薀孀問：「全港棄未（係咪）得紅磡觀音廟可以借庫？」

呆佬說：「除咗紅磡觀音廟，仲有油麻地觀樓社壇、太平山街觀音廟、石硤尾觀音古廟、大嶼山觀音寺，山東街水月宮、慈雲山水月宮、大坑蓮花街蓮花宮，都可以借庫。」

薀叔說：「我哋住黃埔，最近就係紅磡觀音廟，就去呢間啦！」

大家舉腳贊成。

Cash 太轉頭望向 Chok 男：「Chok 男，你同我上網查一下觀音借庫要準備嘅祭品啦！」

Chok 男有「電腦小神童」的稱號，話咁快就搜集了一張觀音借庫祭品清單了，仲打印了出來：

借庫祭品不可少

觀音借庫祭品名單

素菜：香菇、金針、豆乾、麵筋、素雞、紅豆、花生、紅棗、
木耳、海帶、　　　銀耳 (忌用瓜類)

五牲：燒肉、雞、魚、蛋、臘味 (忌用：羊肉、狗肉、牛肉)

五果：桃、橙、柑、龍眼、芒果 (忌用梨)

白飯：煮熟的米飯

茶酒：鮮花 (忌用茉莉花、桃花)

元寶香燭：觀音衣三套、大光寶三對、大金六張、紙錢三疊、
長錢、金銀三疊、上等檀香九支 (三炷)、大花燭一對

　　孻孀笑著說：「有咗呢張清單，我哋執齊佢就得
喇！」

　　第二天早上，呆佬駕著的士，載著 Cash 太、孻叔
孻孀到紅磡觀音廟。車尾廂已擠滿咗觀音借庫的祭品，
下車後佢哋小心翼翼將祭品抬出來，各人誠心向觀音奉
上三炷香，然後到庫屋抽取寫有銀碼的「大利是」。

　　「嘩，我有一億啊！我借到一億啊！」Cash 太開
心得跳起，然後偷看呆佬的利是，「老公，你都唔差，
有五千萬喎！」

　　「哎吔，我抽到三百萬咋！」孻孀失望地說。

　　「老婆，我得一百萬咋，有無搞錯？咁少！」孻叔
苦著臉說。

就在此時，有廟祝經過，厲聲說：「借庫只係象徵意義，最重要係借嚟好運氣，無論你抽到多少，都應存感激之心，切忌開口說：『有無搞錯？咁少！』」

蠱叔非常尷尬，連忙向著觀音合十說：「觀音娘娘，我知錯喇，你有怪莫怪啊！」

記得寫黃紙啊──！

廟祝見蠱叔誠心道歉，便放軟了態度，問：「你哋又會宜家呢個時候嚟向觀音借庫？」

呆佬說：「係啊！趁平日來借庫，無咁多人嘛！」

廟祝笑著說：「醒目喎，識得揀時間。不過，你哋無寫黃紙嘅？」

呆佬問：「黃紙？」

廟祝瞪大雙眼說：「人借你又借，無姓名無地址，就算觀音肯借，都唔知送去邊度俾你啦！你哋要喺黃紙上寫上姓名住址，同埋幾時還神。」

廟祝向各人派了一張黃紙，繼續說：「呢度有個範本，跟住呢個格式寫啦！」

大家圍著坐下來，按照格式把自己嘅資料寫喺黃紙上：

「弟子□□□（或信女□□□）』□□年□□月□□日□□時出生，家住□□路□□街□□巷□□樓□□號今擬向觀世音大士商借庫銀□□億□□千□□百□□□萬圓，以為經商營生之本，伏乞觀世音大士批准，來年定必璧還□□年□□月□□日　弟子□□□（或信女□□□）叩上。」

各人寫好黃紙後，廟祝就指示著他們將祭品擺在神枱上，上香拜祭，鞠躬叩頭，最後，把各人的黃紙連同祭品一併焚燒。

成功借庫後，廟祝向各人派發開過光的花影、生菜和八寶包，並指示各人要添 $4 香油錢。花影寫有財源廣進字句，廟祝叮囑大家回家後將花影擺放喺神位或家中財位，即東南方。至於生菜代表生財，八寶包內有花生、蓮子、百合、茶葉，寓意長壽和吉祥，回家後可以煮來吃，又或者煲定糖水或靚湯，然後將八寶包材料浸水放入去。

儀式圓滿結束後，蘊叔、蘊嬸、呆佬和 Cash 太準備起程離開觀音廟，這位好心的廟祝還特別追上前提醒佢哋：「記得今年借庫後，年尾要去還庫，否則，下次再借庫時就唔再靈喇！」

跑馬地的悲傷往事

眾人同廟祝 Say Goodbye 後，就離開觀音廟喇。

「老婆，我哋借完庫，不如去跑馬地馬場碰吓運氣

囉！」蠱叔說。

「你想死啊！大伯話觀音只會催旺正財運，賭棄（係）偏財，觀音唔會保祐㗎！況且，你以前賭到破產，你想搞到家破人亡啊？」蠱嬸越說越激動。

蠱叔知道闖禍了，連忙說：「老婆，我頭先講笑咋，跑馬地馬場嘅賽事喺星期三晚上舉行，今日係星期六，都無馬跑啦！『跑馬地』雖然叫『快活谷』，但呢度帶俾我嘅經歷，一啲都唔快活，仲害到大佬要賤賣三架的士幫我還債......」

呆佬拍拍蠱叔的膊頭，說：「細佬，過去嘅事算喇，你唔再賭，唔再行返舊路就得喇！」

蠱嬸厲眼睥住蠱叔，說：「你講過要算數啊！『跑馬地』會叫『快活谷』，都棄（係）想催眠啲賭仔，以為賭就可以換嚟快活，其實害人不淺！」

蠱叔說：「其實，『跑馬地』之所以叫『快活谷』並唔係咁嘅意思。1840 年初，英軍喺跑馬地設立軍營，好不幸，有大量軍人染登革熱病死咗，跟住埋葬喺呢度。西方人觀念認為人死咗會上天堂，因此，將呢度稱為『Happy Valley』，即係『快活谷』喇！」

蠱嬸恍然大悟說：「啊！真正意思原來棄（係）咁！」

婚外情疑雲（上）

　　蠱嬸一向有 check 蠱叔電話的習慣。這天，蠱叔下班回來去洗澡，蠱嬸就一如以往檢查蠱叔的手提電話。她發現最近幾天都有一個叫錢小玲的女人經常致電給蠱叔，蠱嬸懷疑蠱叔有婚外情。

　　蠱嬸不知所措之下便立即打電話給 Cash 太告訴她這件事，蠱嬸非常焦急地問 Cash 太：「有咩方法可以改善夫妻感情，令到姻緣會巧（好）啲㗎？」

拜拜姻緣石

　　Cash 太思量了一下，回答：「唔⋯⋯你去拜吓姻緣石啦，姻緣石喺香港好出名，好多情侶都一雙一對去拜，希望可以白頭偕老！」

孤孀卻覺得不可信，說：「棄（係）未（咪）得㗎？因乜解究姻緣石會咁出名？」

Cash 太說：「姻緣石會咁出名其實有段故嘅！相傳第二次世界大戰之後，一個外籍軍官同一個中國女人相愛，但係受到中國女人嘅家人反對，佢

▲ 姻緣石

哋咪雙雙私奔上山，到咗宜家嘅半山寶雲道一帶雙宿雙棲，最後兩人餓死於山林，化身為石頭。之後，佢哋報夢俾北角一帶嘅婦女，並承諾會撮合所有向佢哋膜拜嘅有情人。因為向此石祈求姻緣特別靈驗，所以由 1950年代起直到今日，都係戀人祈求良緣嘅姻緣石喇！」

孤孀越聽越有興趣，說：「真棄（係）咁靈驗？」

Cash 太說：「聽人講都好似幾靈，好似話徐子淇拜完姻緣石，兩年之後就嫁入豪門做少奶奶喇！既然你想改善夫婦感情，就咩方法都試吓嘛！」

孤孀一聽見徐子淇也有拜姻緣石，便來了興致，立即問 Cash 太：「嗰塊姻緣石棄（係）未（咪）喺巧（好）偏僻嘅地方㗎？」

Cash 太說：「姻緣石位於香港港島嘅寶雲道，鄰近『肇輝臺』私人住宅大廈。佢係一塊好似人頭的岩石，頂端更生出青草，好似人頭上嘅頭髮。用繩將酒樽掛喺

姻緣石旁邊嘅樹上，所祈求嘅願望就能夠實現。佢嘅形態好似一枝石筆斜插於石座上。據說佢成功為眾多情侶締結美滿良緣。另一傳說係因為佢嘅外貌酷似陽具，所以有『求子嗣得子嗣』嘅講法。」

拜姻緣石須知

薀孀問：「咁有無話要帶乜祭品去拜？」

Cash 太回答：「姻緣石附近有啲攤檔，到時我哋去買祈福紙寶，一份完整嘅祈福紙寶，包括香、衣紙、姻緣盒，仲有緣份繩及緣份符，上年我去買嘅時候就 $60，希望今年無加價啦！」

薀孀好奇地問：「棄未（係咪）話要指定邊日處（去）拜㗎？」

Cash 太說：「每逢初一、十五，都有善信到來朝拜，或者求姻緣。而祈求天賜良緣嘅男女，每逢農曆初六、十六及廿六都會參拜姻緣石，焚燒香燭，求好姻緣。」

薀孀說：「大嫂，你有無時間陪我一齊處（去）求姻緣呀？」

Cash 太說：「後日係十六，呆佬要返工無人陪我，我同你一齊去啦！」

薀孀點頭答應：「巧（好）！但姻緣石難唔難處（去）㗎？」

Cash 太說：「我上年去過，可以喺灣仔地鐵站 A3

出口出，到皇后大道東乘坐前往山頂嘅 15 號巴士，再喺香港港安醫院落車，車程大概 15 至 20 分鐘。落車後，沿寶雲道行大約 20 至 30 分鐘就可以到達姻緣石喇。」

縕嬬大驚，說：「要行成 20-30 分鐘咁耐呀？」

Cash 太點點頭說：「呢個方法最快、最慳力啦！我上年同老公去，喺灣仔峽道行上去寶雲道，嘩！果條灣仔峽道超斜，有 45 度角，行到我氣來氣喘，好彩條街都有幾張櫈可以俾人坐下休息，如果唔係，我諗我未行到上去都無氣喇。」

縕嬬提議說：「咁我地後日下午兩點三喺灣仔地鐵站 A3 出口等啦！巧（好）唔巧（好）呀？」

Cash 太說：「好啊！嗰度嘅景色都唔錯㗎！拜完姻緣石，我哋就沿住寶雲道走，可以睇到沿途嘅山下景色，好似灣仔全景、跑馬地馬場、中環廣場、合和中心等等，睇到啲景色咁靚，人都開心啲、姻緣自然會好啲啦！」

婚外情疑雲（下）

「錢小玲！？」

凌晨兩點，蘊嬅趁丈夫睡熟之後偷偷查看他的短訊對話名單，發現名單上多了一個「錢小玲」的名字。

蘊嬅好激氣，心想：「豈有此理！呢個女人唔同鬧（老）公玩煲電話粥，轉 Send 訊息！點解我拜完姻緣石都巧（好）似無效嘅？唔通真棄（係）要處（去）『打小人』，將呢個壞女人打走至得？」

打小人的好日子

蘊嬅一有這個念頭便立即打電話給 Cash 太，過了一會便聽到 Cash 太鼻音濃重的聲音在電話裏面傳來：「喂……」

蒕嬅聽見 Cash 太的聲音便立刻倉皇地說:「大嫂!呢次你真棄(係)要幫我喇!我思疑我鬧(老)公出面有第二個啊!」

Cash 太睡意正濃,說:「又有第二個......?」

蒕嬅苦惱地說:「唔棄(係)又有第二個,而棄(係)同一個!拜完姻緣石都唔夠,我覺得今次要處(去)打小人先得啊!」

Cash 的脾氣依然很好,她耐心地問:「打小人唔係要農曆正月廿一日嘅驚蟄先要去打㗎咩?」

蒕嬅說:「唔單止驚蟄,其實農曆每月嘅初六、十六、廿六都棄(係)打小人嘅好日子!」

蒕嬅聽到 Cash 太電話那邊傳來翻紙的聲音,隔了一會,便聽見 Cash 太說:「咦!聽日係農曆廿六喎!」

蒕嬅拍了一下手,說:「啱喇!一於打鐵鐵趁熱!聽日一齊處(去)鵝頸橋橋底打小人!」

打小人趕走身邊小人

翌日,蒕嬅和 Cash 太走到銅鑼灣及灣仔之間的鵝頸橋橋底,她們才到達,Cash 太便問蒕嬅:「鵝頸橋橋底陰陰森森咁,都唔知點解啲人要揀呢度嚟打小人!」

▲ 打小人

　　蕰孅說：「你問我就啱喇！以前鄉下我哋都成日打小人㗎！其實打小人最適合嘅地方就棄（係）喺三叉路口、橋底、路旁及山邊等地方，因為呢啲地方比較容易招惹鬼神，而鵝頸橋橋底正好符合呢啲地理條件，所以啲人咪嚟呢度打小人囉！」

　　Cash 太又問：「鵝頸橋橋底又點符合啲地理條件呀？」

　　蕰孅說：「鵝頸橋四方都有十字路口，驅邪送鬼，有路得走；加上道路成三叉路，可以叉住啲小人，有剋制小人嘅作用，所以嚟呢度打小人就啱晒！」蕰孅一邊說一邊擦手摩拳，似有十冤九仇。

　　Cash 太在鵝頸橋底四處張望，說：「嘩！又真係幾多人嚟打小人喎！人山人海咁！」

　　蕰孅便說：「我哋以前鄉下都有巧（好）多工作唔順利、情路有挫折、身體有毛病或者賭運欠佳嘅人，嚟搵呢啲專業嘅婆婆幫手打小人，幫我哋出番啖氣！」

　　蕰孅和 Cash 太排在一條隊後，Cash 太見到有個女人遞了一張二十元紙幣給婆婆，又說：「我都聽人講過，打小人嘅婆婆會視乎不同日子有不同數費，一般收費每次 HK$20 至 $50 不等，我諗就係因為價錢唔貴先會咁多人排隊。」

打小人的祭品和步驟

　　Cash 太見到婆婆的檔口擺滿不少物品嘅物品，便

好奇地問：「咦！婆婆擺咗咩嘢喺檔口呀？咁古怪嘅？」

薀嫿看了看，就說：「嗰啲棄（係）打小人必備嘅物品，打小人要用三支大香燭、百解靈符、小人紙、黃色的紙老虎、豬肉同豬血，呢啲物品都唔難買嘅。」

Cash 太又望著婆婆拿起的紙老虎，問：「話時話，打小人同老虎有咩關係？」

薀嫿答：「白虎通常會喺『驚蟄』呢個時候出嚟覓食，『驚蟄』就棄（係）冬眠動物睡醒、開始覓食嘅日子。為咗防止白虎傷人，以前嘅百姓就會喺『驚蟄』祭白虎，又喺紙老虎上抹上豬血，意思棄（係）將佢餵飽，令佢唔會再去傷害人。漸漸地，『小人』就取代左白虎嘅位置，成為被驅趕嘅對象，因而出現咗『打小人』呢個習俗。」

Cash 太點一下頭：「原來如此！」

終於輪到她們打小人，薀嫿向婆婆道明來意後，婆婆就燃點了三支香燭，再用燭淚讓香燭固定在地上，又請薀嫿將自己嘅姓名、生辰八字寫喺百解靈符上面，當薀嫿做完之後，婆婆遞了一張小人紙給她，又吩咐她：「將小人嘅姓名喺小人紙度。」

薀嫿便把「錢小玲」這個大名寫在小人紙上，為免同名同姓打錯隔離，薀嫿還將錢小玲嘅通訊程式的頭像放在小人紙上，務求一擊即中。

我打打打！打你個小人頭！

她們望着婆婆脫下鞋子，狠狠地在小人紙上打打打，口中不停唸：「打你個小人頭，打到你有氣無得透；打你隻小人手，打到你有嘢都唔識偷；打你隻小人腳，打到你有鞋無腳著。」

孻孻覺得唔夠狠，話要自己打，於是佢舉起鞋子打打打打打！出力咁打！打到無氣的時候，就交由婆婆「接棒」！她們見婆婆用小塊生豬肉沾上豬血，放在紙白虎嘴上，意指老虎口中充滿油水，不能再張口傷人。

下一步，婆婆把又芝麻、豆子、百解靈符撒在地上，象徵消災解厄；又將元寶、金銀紙等焚化供奉鬼神。最後，婆婆將筊杯擲出。孻孻一見筊杯擲出的結果便興奮抱住 Cash 太大叫：「Yeah！聖杯啊！」

Cash 太奇怪地問：「點解你咁興奮嘅？」

孻孻便跟她解釋：「如果兩塊筊杯平坦向上就叫陽杯，兩塊向下嘅就叫做陰杯，但如果一下一上就係每個信徒都想擲中嘅聖杯喇！如果擲到聖杯，即係表示儀式順利完成，所許嘅心願會好快達成。」

Cash 太點點頭示意明白，陪同孻孻付錢一起離開鵝頸橋。Cash 太大叫肚餓，於是兩人四圍望，想找一間餐廳「醫肚」。忽然，Cash 太停下腳步，眼定定咁望住一個方向，孻孻笑著問：「你俾人點穴呀？眼定定咁做乜呀？」

Cash 太指着直方，喊道：「咦！你老公啊！」

蒀嬸一望過去，果然是她的老公，但老公旁邊的人——卻是錢小玲！蒀嬸死也不會忘記那個女人的樣貌，跟通訊程式上面張相一模一樣！

蒀嬸氣瘋了似的二話不說便衝了過去，厲聲喝問蒀叔：「鬧（老）公，你隔離個女仔棄（係）邊個嚟？！」

蒀叔見自己老婆風風火火地衝過來，嚇了一跳，說：「咦！老婆！又會喺度見到你嘅！」

蒀嬸見蒀叔毫無悔意，便怒道：「你個衰佬！竟然背住我同第二個女人一齊！」

蒀叔聽得老婆這樣說，又見她一臉怒氣，百思不得其解，說：「老婆，你講咩啊！咩第二個女人呀？呢個係我個堂細妹錢小玲啊！老婆，你應該記得我之前同你提過，我哋有個堂細妹移民咗去澳洲十幾年，咪就係佢囉！」

弊——！打錯小人！

Cash 太吃了一驚，說：「蒀嬸，咁你打小人咪打錯人囉？」

蒀叔問：「打小人？打咩小人呀？」

「無——！我話我哋去百貨公司行街撞到人啫！」Cash 太連忙答道。

蒀嬸背着蒀叔細細聲問 Cash 太：「死喇！我打錯

小人，佢會唔會有事㗎？」

　　Cash 太笑著安慰薀嬌，說：「應該無事嘅，我又覺得打小人並唔係想像中咁惡毒啫，佢只不過係一種拜神祈福嘅方法，唔駛太擔心嘅，個天有眼㗎嘛，點會俾你打錯小人吖！」

　　「咁又棄（係）——！」

去當舖 Shopping

家賊難防

這天早上，Cash 太、呆佬、鷯叔鷯嬸外出逛街，見到陳師奶兩手抽著餸菜走來。

Cash 太向陳師奶打招呼說：「陳師奶，要你親自落街市買餸啊？你個工人呢？」

陳師奶怒道：「哼！我炒咗佢喇！」

Cash 太問：「點解啊？」

陳師奶嘆了一口氣，說：「佢手腳唔乾淨囉，竟然偷我啲首飾金器去典當套現啊！」

Cash 太驚訝地說：「吓，咁大膽？！」

陳師奶又嘆了口氣，說：「唉，都怪我唔夠警覺，平時無鎖好自己嘅貴重物品，隨便放喺梳妝枱上面。有時發現少咗條金鍊，都以為係自己大頭蝦唔見咗，一直無為意係工人偷。直到有一次，老公喺屋企裝咗部 Webcam，竟然意外咁影到工人偷嘢嘅過程，先至真相大白啊！」

Cash 太問：「咁你有無報警啊？」

陳師奶說：「梗有啦，警方仲憑住工人收埋咗嘅當舖典當單據，幫我起返三條金鍊、兩隻金鐲呢！」

Cash 太說：「嘩，當舖咪好慘？套咗現金俾客人，但典當品就俾警方沒收！」

陳師奶重重哼了一聲，說：「哼，慘得過我？又要返工，又要買餸煮飯洗衫抹地！」

Cash 太拍了拍陳師奶的肩膀，說：「陳師奶，唔好嬲，我哋請你去飲茶，行囉！」

當舖最怕種蟲友

一行五人走到附近一間茶樓，很順利，只等了十分鐘就有位喇！

呆佬坐下來就說：「計我話呢，當舖遇著賊臟，故然慘啦！如果遇著『種蟲友』，仲慘啊！」

蠱嬫問：「種蟲友？」

呆佬答：「即係喺劣質平價嘅物品上做手腳，再

裝飾成高價品拿去典當呃人嘅蠱惑友囉！例如佢哋會將爛咗嘅手錶換錶面、清潔外殼、略為修理使佢暫時能走動，然後用花言巧語令到當舖以為係貴價名錶，目的就係想押得好價錢。」

Cash 太碌大眼睛，說：「嘩，做當舖職員真係要事事小心，眉精眼企啦！」

蘊孀搖搖頭說：「香港咁繁榮，我仲以為香港無當舖㗎！」

「遮醜板」令你借得有尊嚴

呆佬笑說：「雖然香港嘅典當業開始式微，但仍有得做！事關要向銀行借錢周轉，要有入息證明，又要擔保人。如果本身係自僱人士，即使有值錢嘅東西傍身，都好難借到錢，當舖就可以幫到忙喇！除此之外，近來，有很多外籍傭工典當物品應急，當舖多咗好多外傭典當生意呢！」

Cash 太皺起眉頭，說：「唉，慘到要去典當，始終是一件醜事......被人認出，真係㞢爆！」

呆佬說：「所以呢，當舖嘅入口處會擺放一塊『遮醜板』，街上行人睇唔到你喺度典當；走到入面，會見到一個比成年人還要高大嘅櫃枱，高大嘅櫃枱使街外人睇唔到當舖內嘅環境，典當咗乜嘢、套現咗幾多錢，街外面嘅人都睇唔到，令你借得有尊嚴，又借得安心喇！」

Cash 太說：「不過，我知道香港所有當鋪都會懸掛一個類似葫蘆嘅招牌，好似一隻上下倒轉嘅蝙蝠含著金錢咁，有『引福含錢歸堂』嘅吉祥意思，個標誌又大個又易認，你行入

▲ 當鋪招牌

去，係人都知你去典當，唔通入去 Shopping 咩！」

去當鋪買平嘢！

呆佬哈哈大笑，說：「你又講啱咗喇！當鋪真係有得 Shopping 㗎！其實，當鋪收入主要來自兩方面，一係收取典當人每月嘅利息；二係將斷當嘅典當品拎去放售。有時，佢哋會將金器熔咗之後出售，其餘售予出口商。近年，有當鋪將貴重嘅斷當物品放喺門市售賣呢！有的士行家同我講，喺當鋪購買二手手錶及鑽石，比喺二手店買仲平呢！」

薀孀高興地說：「嘩，喺當鋪買平價鑽石？真棄（係）盞鬼！大嫂，我哋以後又多咗個 Shopping 嘅巧（好）地方喇！哈哈哈！」

當鋪九出十三歸

陳師奶問：「呆佬，啱啱你話當鋪嘅其中一個收入來源係收息，其實當鋪點計息呢？」

呆佬答：「有無聽過『九出十三歸』啊？假設抵押品值 \$10，當鋪就會喺當票上寫上 \$13，而實際只支付

$9 俾客人；客人要贖回物品時，就要付出 $13。不過，宜家法例唔俾咁做㗎喇！所有抵押品一個月利息唔可以超過 3.5%。所有物品嘅抵押期為四個月，當物者可要求續期，次數不限，但當物者喺續期期間須向當鋪交納 15% 月息。若當物者喺抵押期屆滿後，既不贖回當押品，又不要求續期，或者喺續期期間繳不清利息，當鋪就有權作斷當論，將斷當品賣俾二手夜冷店或古董商店。」

以前當棉被，宜家當電子產品

Cash 太憶述：「我結婚之前住過灣仔，對面有個當鋪，好架勢！佔據三、四層高嘅舊式唐樓，喺最低層接收當押品，而樓上嘅單位會被用作儲物室，存放棉被、衣服等需要較大存放空間嘅當押品。」

呆佬點頭說：「係啊，以前生產一張棉被需時，成本高，所以較為昂貴。唔少人急需周轉，會喺夏天將棉被典當，冬天就將佢贖番嚟。但宜家當鋪已唔接受棉被之類嘅當押品，宜家市民典當嘅大都係金器、鑽石、手錶、手機、手提電腦、數碼相機等體積較小而價值高嘅物品，可存放喺夾萬裡面，因此樓上嘅單位都已經丟空或轉作其他用途。」

Cash 太說：「我老豆以前都有典當過，我細個時，屋企好窮，開學之前，老豆就會靠典當籌錢買教科書俾我。」

蒔嬸感動地說：「真棄（係）『可憐天下父母心』

啊！」

　　蕭叔補充說：「其實，都唔一定係窮人才去當舖，有啲富家子弟，因為嗜賭而欠下賭款，一時周轉不靈，就將金飾同名錶等隨身嘅貴重物件拎去典當。仲有，97年金融風暴前，有啲有錢人藉著典當套取更多現金去炒樓、炒股票呢！又有啲爛賭鬼，賭輸咗錢無錢還債，就將值錢嘅嘢拿去典當，我以前衰爛賭，偷咗阿爸嘅家傳寶玉去當，套取咗成二萬幾蚊還債，阿爸後來知道咗激到生蝦咁跳啊！」

　　蕭嬸意外地說：「原來你做過啲咁不孝嘅事！」

　　「我後來一日三份兼職死慳死抵儲錢將塊玉贖返嚟，老豆先肯原諒我咋！」蕭叔說起往事都搖頭嘆息。

　　呆佬見眾人鬱鬱寡歡，便笑笑口說：「好！我哋醫肚先，一陣再慢慢講！」

防空洞的結婚派對

今日係薀叔薀嬸擺酒嘅大日子喇！

婚禮上的型男型女

　　婚禮前幾個月，薀叔薀嬸互相鼓勵，努力 keep fit，成功將身上嘅豬腩肉同鬼鼠肉通通踢走，瘦了足足 20 磅，兩人以型男型女的姿態出現婚禮場上，好耐無見嘅朋友見到佢哋，都不禁嘩嘩大叫！

　　一眾親朋好友都湧上前向呢對新人握手、合照。剛剛同一班小學同學影完、跟住到中學同學、接著係舊公司同事、新公司同事、大坑村舊街坊……車輪轉式，薀叔薀嬸早已折騰到臉部僵硬，笑都笑唔出。攝影師見到薀叔薀嬸笑到好似殭屍咁，便識趣地說：「你哋不如休

息一下，十五分鐘後再影啦！」

　　藍叔呼咗一口氣，癱咗喺座椅上。

　　藍嬸就第一時間脫下呢對三吋高根鞋。

　　「藍叔藍嬸，有蛋糕啊，食吓嘢先啦！」Cash 太遞上蛋糕，說。

　　「劫死人喇——！劫死人喇——！劫死人喇——！」藍嬸開始發忟憎。

　　「老婆，唔好忟憎，個妝花咗就唔靚㗎喇！」藍叔安慰道。

　　「係囉，藍嬸，你睇吓周圍嘅環境幾靚！你要 keep 住個靚樣先得，靚人襯靚景嘛！」呆佬也幫口安慰。

防空洞大變身

　　「有幾靚喎？我剩係知道呢度好偏僻，頭先好多鄉下姐妹都話唔識嚟，結果要搭的士嚟。」藍嬸其中一個姐妹阿金說。

　　「阿金，呢度以前係防空洞，宜家變身成為餐廳，隔離仲有個紅酒酒窖，任何一箱紅酒嘅價值都以億美元計算，隨意拎一箱紅酒去賣，都可以換一棟豪宅！」

　　阿金碌大眼睛說：「咁厲害啊！」

　　藍叔說：「早在 1939 年，香港政府為恐日軍入侵，

建築咗好多防空洞。後來，日軍真係打到嚟！居民一聽到敵機轟炸，就即刻匿入防空洞。時至今日，香港防空洞大約有百幾個，已經廢棄咗。有一個好有生意頭腦嘅外國人杜柏，1998 年第一

▲ 防空洞

次來香港，已愛上呢個地方。2001 年，他向政府租用壽臣山深水灣徑 8 個防空洞，其中 6 個用來藏酒，另外兩個則改裝成餐廳。」

呆佬問：「紅酒好易壞㗎，擺得唔好，幾貴嘅紅酒都會浪費晒！」

孨叔說：「係啊，杜柏就係睇中防空洞嘅環境。儲藏葡萄酒嘅基本條件係恆溫、恒濕、避光、通風、防震，防空洞距地面有 7 米深，又有 2 米厚嘅石牆，係理想嘅紅酒酒窖。」

孨嬸問：「鬧（老）公，頭先你話任何一箱紅酒嘅價值都以億美元計算，隨意拎一箱紅酒去賣，都可以換一棟豪宅！如果俾賊人打劫，或者裡面嘅員工『手腳唔乾淨』，老闆未（咪）損失慘重？」

孨叔說：「係啊，所以呢度保安好嚴密㗎！除咗實行 365 日 24 小時嚴密保安，仲配置有滅火設備、煙霧感應器、閉路電視、報警鐘等安全保障系統，只要酒窖

大門打開超過兩分鐘，接駁警署嘅警鐘就會自動響起，嚴密到好似滙豐銀行嘅金庫。此外，酒窖嘅員工每一次出入，都要三個人一齊，頸上面要戴住一個緊急按扭，以備不時之需。」

Cash 太說：「香港好多有錢人鍾意飲紅酒㗎，喺呢度食嘢，隨時會撞到好多名流！」

薀叔說：「係㗎，呢個酒窖會員超過 600 人，除咗香港本地政要、名流之外，很多附近國家同埋地區嘅好酒人士，都會入嚟試酒，你隨時都會撞見名人㗎！」

薀嬸問：「劉華鍾唔鍾意飲紅酒呢？喺呢度唔知會唔會撞見佢呢？我巧（好）想同佢影合照啊！」

Cash 太笑住回應：「要同劉華合照，駛唔駛山長水遠入嚟壽臣山啊，參加佢歌迷會咪得囉！」

眾人哈哈大笑。

排隊影相嘅親友越來越多，薀叔薀嬸又要「開工」喇！

笑談廣州話

一切源於「瘟疫」

呆佬喺中秋節一連三日走咗去大坑舞火龍,沒有返屋企過節,Cash 太嬲咗好多日,呆佬要專登請假一日,陪 Cash 太去長州玩,Cash 太先至笑番!呆佬雖然係粗人一個,但份人都幾細心,知道老婆鍾意食長洲嘅特產蝦乾蝦醬,於是帶埋對仔女一齊入來買,順便親親大自然,享受家庭樂。Cash 太為咗令此行程更熱鬧、更開心,專登叫埋薀叔薀嬸呢!

落船之後,Cash 太一見到蝦乾蝦醬,就好似見到有限量版名牌手袋發售一樣衝過去選購。唔駛半個鐘,Cash 太已掃咗好多長洲特產。

呆佬問：「Chok 男，考吓你！長洲除咗蝦乾蝦醬出名之外，仲有咩出名？」

Chok 男說：「你問啲問題咁簡單㗎！太平清醮囉，搶包山囉。」

呆佬說：「點解長洲有太平清醮，有搶包山？」

Chok 男說：「好似話同瘟疫有關嘛。」

呆佬說：「算你啦，無讀屎片，都有啲 Common Sense！上次我講過，香港以前發生過瘟疫，死亡人數最多時每日超過 100 人。當年，大坑居民用舞火龍嘅方式來驅除；長洲就用太平清醮來成功對抗疫情。據講，當時長洲有人遠赴惠陽，迎北帝神像到長洲出巡，自此疫症就消失咗喇！為防止再有瘟疫發生，於是，長洲每年都有神像巡遊，即係太平清醮啦！太平清醮有個壓軸節目，就係搶包山喇，太平清醮期間，長洲北帝廟前會有三個掛滿包子嘅包山。包山高約 13 米，用竹棚搭成，每個包山掛上大約 16000 個包子。喺子夜零時、村長一聲號令之後，參賽者就會爬上包山，竭盡所能咁搶奪包子，喺 3 分鐘之內搶到最多包，就係冠軍。搶到嘅包子就會分派俾其他居民，在居民眼中，呢啲貢過神、印有紅色『壽』字嘅蓮蓉包，係福氣嘅象徵。」

Cash 太補充說：「我以前有個同學仔住長洲，佢話屋企會將平安包掛喺大門前，等佢風乾，每當屋企有人肚痛唔舒服，大人就會將風乾咗嘅平安包削粉沖水

飲，好快好喝！」

Chok 男立即作出厭惡嘅表情，兼 O 晒嘴說：「係咪真㗎？」

Cash 太用手打了 Chok 男一下，說：「古人有好多傳統智慧，係科學解釋唔到㗎！」

齊齊熱搶平安包

鍾女問：「咁多人去搶包山，包山會唔會倒塌㗎？」

呆佬答：「真係倒塌過㗎！以前搶包山好墟冚㗎！三百幾人從四面八方咁擁去包山，鬥快搶最多嘅包。有一年，真係倒塌過，仲搞到廿幾人被壓斷手腳。所以，搶包山活動停辦過㗎，後來，經過村民不斷爭取，到 2005 年政府終於同意恢復舉行搶包山活動，但包山要改用鋼鐵搭建，而參加搶包山嘅人數只可以有 12 人，參賽者比賽時一定要戴安全帶，咁就保證玩得安全又放心喇！」

發瘟啊你！

Cash 太說：「太平清醮唔止搶包山㗎，仲有『神功戲』、『會景巡遊』等，其中『會景巡遊』最精彩，有醒獅表演啦、神像遊行啦、鼓樂隊奏樂啦、英歌舞啦、彩旗表演啦，仲有飄色巡遊！大約四、五歲嘅細路仔會化晒妝，扮演各式各樣嘅人物，例如包青天、孫悟空、何仙姑、玉皇大帝、關雲祥等等，佢哋好似雜技表演咁企喺高高嘅竹架或木架上面，有成 4 至 6 米咁高㗎，下

面由成年人支撐著，喺街道上
巡遊。」

▲ 飄色巡遊

鍾女抬高頭，擘大個口說：
「6 米咁高！好得人驚啊，跌
落嚟點算啊？」

Chok 男又取笑鍾女：「人
哋經過專門訓練㗎，你又畏高
又怕水，無鬼用！人哋 4、5
歲都叻過你！」

呆佬罵道：「Chok 男，發瘟啊你！又蝦個細妹？」

Cash 太皺著眉頭罵呆佬，說：「『發瘟』係一個
唔好嘅名詞，唔好用嚟話個仔啦！」

鍾女問：「『發瘟』同『瘟疫』，都有個『瘟』字，
係咪有關？」

Cash 太點頭說：「係啊，宜家無瘟疫，但『瘟疫』
就演變成用來罵人嘅廣州話，即係『發瘟』喇，不過，
用惡毒嘅詞語來罵人，太無品喇！」

呆佬怕又再激嬲老婆，低聲下氣地說：「老婆，唔
好嬲，我講錯嘢！來到長洲，我哋先去參觀天后廟，之
後去張保仔洞，好嘛？」

大家齊聲叫好，並高聲說：「好，一齊去張保仔洞
尋寶——！」

以下係大家經常會講嘅廣州話，有幾多你係識講唔識寫呢？

踎墩：形容一個人無所事事。

掘擂捶：形容說話不會轉彎抹角。

齊輯輯：形容修剪得很平整；多用在頭髮，草坪，籬笆。

眼瞳瞳：形容發呆的樣子。

沙塵：形容得戚的樣子。

攝灶罅：形容女人嫁唔出。

光振振：形容光線猛烈。

黑魖魖：形容環境昏暗。

黃黚黚：形容物件很黃。

烏黢黢：一般被誤寫作「烏卒卒」，形容「烏黑」的東西

邋遢：指污糟的意思。

拗拃：霸道的意思。

面珠墩：面腮。

焓熟狗頭：負面形容詞，形容人張大嘴巴笑，扮作與人很熟。

詐諦：有乘機抽水的意思。

悻憸：吹毛求疵。

抽秤：挑剔。

發吽哣：發呆。

冚唪爛：全部。

揗揗震：心驚膽跳。

閉翳：心情煩擾。

肥頭耷耳：形容人長相肥嘟嘟。

好劼：非常疲累。

嬲爆爆：好生氣。